D1663568

La muerte: un amanecer

Elisabeth Kübler-Ross

La muerte: un amanecer

Ediciones Luciérnaga

OCEANO

Título original alemán: *Über dem Tod und das Leben Danach*

Primera edición en Luciérnaga: octubre de 1989
Primera edición en coedición: Oceáno/Luciérnaga: abril de 2010
Segunda edición en coedición: Oceáno/Luciérnaga: enero de 2011

© del texto: Elisabeth Kübler-Ross, 1983
© del CD: The Elisabeth Kübler-Ross Family Limited Partnership, 1991
© de esta edición:
Grup Editorial 62, S.L.U., Ediciones Luciérnaga,
Peu de la Creu 4
08001 Barcelona (España)
info@edicionesluciernaga.com
www.edicionesluciernaga.com

Editorial Océano, S.L.
Milanesat 21-23, Edificio Océano
08017 Barcelona (España)
Tel. 932802020
www.oceano.com

Esta coedición es de venta exclusiva en América Latina y EE.UU.

ISBN: 978-84-494-4165-3
Depósito legal: B-5076-2011

Impresión: Grafos, S.L.

Nota a la edición castellana

Durante la visita que realizó Elisabeth Kübler-Ross a nuestro país el mes de abril de 1989, contrajimos con ella el compromiso de emprender esta edición.

Existe ya editada en castellano la primera de las obras, escrita hace dieciocho años: *La muerte y los moribundos.* Nuestro trabajo consistirá en acercar al público las obras posteriores de modo que, poco a poco, todas ellas puedan leerse en castellano.

Prepararse para aceptar un hecho irreversible como es la muerte es un trabajo arduo y difícil; sin embargo, las personas que han entrado en contacto con las enseñanzas de E. Kübler-Ross, se dan cuenta de que esto es posible. Día a día, los esfuerzos que la medicina hace por salvar a la humanidad son boicoteados por los cada vez más abundantes y graves accidentes de tráfico. En ellos pierden la vida gentes que no estaban preparadas para ello, jóvenes cuya misión en esta vida queda así truncada; y quedan padres que deberán vivir con este dolor durante el resto de su vida.

En este libro podemos conocer la experiencia personal que indujo a la autora a permanecer junto a los enfermos terminales para que pudieran preparar el momento de la muerte de manera digna. No debemos olvidar que trabajaba en Estados Unidos y en una época en que la rigidez de los horarios y la inmensidad de las ciudades hacían que estos enfermos permanecieran solos durante muchas horas. Con su compañía, Elisabeth Kübler-Ross pudo comprender los momentos de soledad y agobio que preceden a toda muerte. Las circunstancias de nuestro país no son exactamente las mismas, pero el ser humano sí es el mismo y dichas experiencias pueden ayudarnos a preparar tanto a los nuestros como a nosotros mismos.

Prólogo

Cuando una médico con veintiocho títulos *honoris causa* en su haber y más de veinte años de experiencia acompañando en el momento de la muerte a miles de personas en todo el mundo comparte con nosotros sus vivencias místicas —«experiencias que me han ayudado a saber, más que a creer, que todo lo que está más allá de nuestra comprensión científica son verdades y realidades abiertas a cada uno de nosotros»—, debemos leerla atentamente y con humildad. Pero debemos, ante todo, congratularnos. Nunca antes la humanidad había tenido ocasión de saber de la muerte y de la vida después de la muerte, de la manera en que hoy, gracias a Elisabeth Kübler-Ross, nos es posible. Hasta hace muy poco los conocimientos, que la doctora Ross pone al alcance de todos los que quieran escucharla, eran un saber «oculto» accesible sólo a través de la fe a los creyentes o a los estudiosos de los textos sagrados tibetanos o la más compleja literatura esotérica occidental.

El amor y la dedicación de esta mujer excepcional permite que hoy muchos médicos, enfermeras y personas en el mundo estén científicamente preparadas para entender, acompañar y ayudar realmente a cualquier ser humano en los difíciles momentos que anteceden a su muerte, así como para comprender y consolar efectivamente a las personas que sufren la pérdida de seres queridos. Evidentemente, en ese *científicamente* está involucrado lo mejor del espíritu humano: su capacidad de amar. Con una actitud rigurosa y valiente, Kübler-Ross ha investigado en el dolor y la conclusión, a sus muchos años de desvelos al lado de sus pacientes, podría resumirse así:

Busqué a mi alma; a mi alma no la pude ver.
Busqué a mi Dios; mi Dios me eludió.
Busqué a mi hermano y encontré a los tres.

Con todo, una breve advertencia. Las tres conferencias que componen este libro constituyen un material único dentro de la obra de Kübler-Ross; se leen y entienden muy fácilmente pero probablemente, para muchos, resultarán enormemente difíciles de digerir. Cuanto más aferrado esté nuestro pequeño ego a sus propios miedos y razonamientos, más difícil nos será abrirnos a lo que Elisabeth expone y aceptarlo, al menos, como posible. La doctora Ross no ignora esa dificultad; conoce bien la violencia de la que son capaces los que seguros de todo no soportan, sin embargo, otra opinión. «[Tuve] que pasar literalmente por miles de muertes —dice—, puesto que la sociedad en la que vivo intentaría aniquilarme.» Antes de negar o rechazar lo que aquí se nos dice, recordemos que todos, en algún momento, tendremos ocasión de verificarlo.

Sea cual fuere nuestra reacción intelectual, lo cierto es que este libro, como toda la obra de Elisabeth Kübler-Ross, es un testimonio del amor incondicional que ella pregona. Un amor que se atreve más allá de lo razonable y conveniente, un amor que trasciende los límites de la propia muerte y, en aras de la Verdadera Vida, se desborda... Ojalá que entre aquéllos a los que alcance, esté el lector.

Magda Catalá
Cuernavaca, 1989.

Introducción

La doctora Elisabeth Kübler-Ross, originaria de Suiza, trabaja en su especialidad y ejerce la docencia en distintos hospitales y universidades estadounidenses desde hace más de veinte años.

En Estados Unidos, su patria adoptiva, goza de una gran reputación en el campo de la tanatología, al punto de que sus libros se han convertido en obras de imprescindible consulta para médicos y enfermeras.

Admirada y respetada, no hay seguramente en el mundo una personalidad científica a quien se le hayan otorgado tantos títulos de doctor honoris causa.

Kübler-Ross ha permanecido cientos de horas junto al lecho de enfermos moribundos, cuyos comportamientos, anotados minuciosamente, fueron bosquejados por la autora en cinco fases.

Durante un largo tiempo, mientras anotó y publicó sus observaciones acerca de la forma de vida y de los sufrimientos de sus pacientes hasta el momento de la muerte clínica de éstos, recibió la aprobación de sus colegas. Esa actitud de apoyo, sin embargo, no persistió. Desde el momento en que la doctora Kübler-Ross, tanto en sus conferencias como en sus entrevistas, hizo pública la información que a través de su práctica profesional cotidiana le aportaban a menudo los enfermos moribundos sobre sus experiencias extracorporales –es decir, sus experiencias del mas allá– y que ella, comparándolas con sus propias experiencias, no estaba dispuesta a rechazar ni a tratarlas como si fuesen alucinaciones; desde ese momento, muchos de sus colegas establecieron una línea divisoria, e incluso llegaron a declarar que estaba trastornada.

La realidad es que no pudo admitirse que de golpe la doctora Kübler-Ross se inclinase hacia un campo de investigación considerado como no serio, el de la indagación de la cuestión de la vida después de la muerte. De acuerdo con el pensamiento materialista, no podía existir vida después de la muerte, puesto que el hombre y su cuerpo, constituido por átomos y dotado de energía, son una unidad, una misma cosa, de tal modo que al morir el cuerpo, su alma, y por consiguiente la totalidad de su existencia, debe considerarse extinguida.

El hecho de que Elisabeth Kübler-Ross prosiguiese

su investigación traspasando la línea nítida de demarcación de lo que se consideraba explorable, y que, a pesar de todas las manifestaciones de hostilidad recibidas, continuase relatando con coraje los resultados obtenidos en sus observaciones, a muchos les pareció una traición a su integridad científica.

En una entrevista de las tantas de que fue objeto, ella expresó lo siguiente: «En toda investigación científica es honesto, en mi opinión, aquel que lleva un registro de sus hallazgos y es capaz de explicar el procedimiento por medio del cual ha llegado a las conclusiones que defiende. Se debería desconfiar de mi conducta científica e inclusive degradarme si yo publicase sólo con el ánimo de complacer a la opinión general. Puedo decir con toda claridad que mis propósitos no son los de convencer o convertir a la gente. Considero que mi trabajo consiste por excelencia en salvaguardar los resultados logrados en la investigación, entregándolos al conocimiento de los demás. Aquellos que estén preparados captarán lo que digo y me creerán. Y los que no lo estén, argumentarán con sutilezas del raciocinio y con pedantería.»

Aun cuando la doctora Kübler-Ross, desde hace más de una década, se ha convertido en una celebridad en Estados Unidos, sólo en los últimos años comienza a ser conocida en Europa.

En Francia intervino con eficiencia en el programa

de televisión del señor B. Martino, titulado «Voyage au bout de la vie» [Viaje al fin de la vida], y, a la vez, los telespectadores suizos pudieron verla con ocasión de un programa donde tuvo la oportunidad de presentar sus ideas junto al teólogo católico, profesor Hans Küng.

Tanto en Francia, como en Suiza y Alemania, sus publicaciones son cada vez más destacadas.

Bajo el auspicio de dos programas del Südwestfunk, reveló sus convicciones basadas en sus propias investigaciones científicas con dos temas específicos sobre el proceso por ella estudiado: «La muerte es sólo un paso más hacia la forma de vida en otra frecuencia» y «El instante de la muerte es una experiencia única, bella, liberadora, que se vive sin temor y sin angustia».

Seguramente los telespectadores nunca habían oído, proviniendo de un médico, afirmaciones tan positivas sobre la muerte. Y cuando a la doctora se le ha preguntado cuál es su posición sobre ella misma en relación a la muerte, qué le sugiere, y si le teme, ha confesado con total espontaneidad: «No, de ningún modo me atemoriza; diría que me produce alegría de antemano.» Para ella, el hecho de preocuparse de la muerte no significa una evasión ante la vida, sino todo lo contrario. La integración de la idea de la muerte en el pensamiento de los hombres les permite erigir sus vidas de acuerdo con propuestas más conscientes, más meditadas, alertándolos sobre el uso que hacen de ellas, no derrochando «demasiado tiempo en cosas sin importancia».

La muerte, que hasta el presente sólo infundía en el hombre moderno un pavoroso temor, de tal modo que se prefería ignorarla, rechazarla con pleno conocimiento, como la enemiga de la vida, va dejando de provocar espanto. Una mujer dedicada a la medicina, esta positiva criatura viviente, ha descubierto en el transcurso de sus investigaciones que no tenemos nada que temer de la muerte, pues la muerte no es el fin sino más bien un «radiante comienzo».

En una entrevista retransmitida por la televisión suiza, el profesor Hans Küng destacó la importancia de esta valiente mujer, expresando que «una incalculable cantidad de personas», y no solamente los teólogos, le están «infinitamente agradecidos», puesto que al plantearse estos problemas acerca de la muerte «rompe el tabú», y agrega a la medicina otro marco de referencia, «abriéndola de nuevo a estas cuestiones». En la misma entrevista, Elisabeth Kübler-Ross declara que nuestra vida en el cuerpo terrenal sólo representa «una parte muy pequeña de nuestra existencia». La vida no está pues, como las ciencias adeptas al materialismo lo dicen, limitada a una existencia única. Esta vida terrenal es más bien una minúscula parte de una existencia individual global que se proyecta bastante más-allá de nuestra vida de aquí-abajo. ¿No nos transmite una sensación de tranquilidad saber que nuestra muerte no es el «fin», simplemente, la total aniquilación, sino que nos esperan alegrías maravillosas?

Esas conferencias y entrevistas nos han dado la información sobre los puntos de vista de Elisabeth Kübler-Ross y de cómo ha llegado al conocimiento y a la convicción de una vida después de la muerte, y cuáles son las experiencias de los hombres inmediatamente después de haber muerto.

El presente libro debe su origen a varias de esas conferencias dadas por la autora con el tema general de «La vida después de la muerte». Se han utilizado tres fuentes concretas. En primer lugar, una conferencia que tuvo lugar en Suiza en diciembre de 1982 con el título Leben und sterben [Vivir y morir], que hemos resumido para no anticiparnos a las conclusiones de las dos contribuciones que le siguen. Nos referimos a una conferencia realizada en el año 1977 en San Diego (California), donde la autora disertó sobre el tema del título: There is no death [La muerte no existe]. Finalmente, se contó también con una casete de enseñanzas que la doctora Kübler-Ross había grabado en 1980 bajo el título de Life, death and life after death [La vida, la muerte y la vida después de la muerte].

Vivir y morir

Hay mucha gente que dice: «La doctora Ross ha visto demasiados moribundos. Ahora empieza a volverse rara.» La opinión que las personas tienen de ti es un problema suyo no tuyo. Saber esto es muy importante. Si tenéis buena conciencia y hacéis vuestro trabajo con amor, se os denigrará, se os hará la vida imposible y diez años más tarde os darán dieciocho títulos de doctor *honoris causa* por ese mismo trabajo. Así transcurre ahora mi vida.

Cuando ocurre que se ha pasado largo tiempo, durante muchos años, sentada junto a la cama de niños y ancianos que mueren, cuando se les escucha de verdad, uno percibe que ellos saben que la muerte está próxima. Súbitamente alguno se despide, dice adiós, mientras que en ese momento uno está lejos de pensar que la muerte podría intervenir tan pronto. Si se aceptan esas declaraciones, si se permanece junto al moribundo, se comprobará que la comunicación continúa y el enfermo expresa lo que desea hacer saber. Después de su muerte, se experimenta el emocionado sentimiento de ser quizá la única persona que ha atendido con la debida seriedad sus palabras.

Hemos estudiado veinte mil casos, a través del mundo entero, de personas que habían sido declaradas clínicamente muertas y que fueron llamadas de nuevo a la vida. Algunas se despertaron naturalmente, otras sólo después de una reanimación.

Quisiera explicaros muy someramente lo que cada ser humano va a vivir en el momento de su muerte. Esta experiencia es general, independiente del hecho de que se sea aborigen de Australia, hindú, musulmán, creyente o ateo. Es independiente también de la edad o del nivel socioeconómico, puesto que se trata de un acontecimiento puramente humano, de la misma manera que lo es el proceso natural de un nacimiento.

La experiencia de la muerte es casi idéntica a la del nacimiento. Es un nacimiento a otra existencia que puede ser probada de manera muy sencilla. Durante dos mil años se ha invitado a la gente a «creer» en las cosas del más allá. Para mí esto no es un asunto más de creencias, sino un asunto del conocimiento. Os diré con gusto cómo se obtiene ese conocimiento siempre que queráis saberlo. Pero el no querer saberlo no tiene ninguna importancia porque cuando hayáis muerto lo sabréis de todas maneras, y yo estaré allí y me alegraré muy particularmente por los que hoy dicen: «Ay, la pobre doctora Ross.»

En el momento de la muerte hay tres etapas. Con el lenguaje que utilizo en el caso de los niños moribundos de muy corta edad (por ejemplo, el que empleo en la carta Dougy), digo que la muerte física del hombre es idéntica al abandono del capullo de seda por la mariposa. La observación que hacemos es que el capullo de seda y su larva pueden compararse con el cuerpo humano. Un cuerpo humano transitorio. De todos modos, no son idénticos a vosotros. Son, digámoslo así, como una casa ocupada de modo provisional. Morir significa, simplemente, mudarse a una casa más bella, hablando simbólicamente, se sobreentiende.

Desde el momento en que el capullo de seda se deteriora irreversiblemente, ya sea como consecuencia de un suicidio, de homicidio, infarto o enfermedades crónicas (no importa la forma), va a liberar a la mariposa, es decir, a vuestra alma.

En esta segunda etapa, cuando vuestra mariposa
—siempre en lenguaje simbólico— ha abandonado
su cuerpo, vosotros viviréis importantes acontecimientos que es útil que conozcáis anticipadamen-
te para no sentiros jamás atemorizados frente a la
muerte.

En la segunda etapa estaréis provistos de energía
psíquica, así como en la primera lo estuvisteis de
energía física. En esta última vosotros tenéis necesidad de un cerebro que funcione, es decir, de una
conciencia despierta para poder comunicar con los
demás. Desde el momento en que este cerebro
—este capullo de seda— tarde o temprano presente daños importantes, la conciencia dejará de estar
alerta, apagándose. Desde el instante en que ésta
falte, cuando el capullo de seda esté deteriorado al
extremo de que vosotros ya no podáis respirar y
que vuestras pulsaciones cardíacas y ondas cerebrales no admitan más mediciones, la mariposa se
encontrará fuera del capullo que la contenía. Esto
no significa que ya se esté muerto, sino que el capullo de seda ha dejado de cumplir sus funciones. Al
liberarse de ese capullo de seda, se llega a la segunda etapa, la de la energía psíquica. La energía física y la energía psíquica son las dos únicas energías
que al hombre le es posible manipular.

El mayor regalo que Dios haya hecho a los hombres es el del libre albedrío. Y de todos los seres vivientes el único que goza de este libre albedrío es el hombre. Vosotros tenéis, por tanto, la posibilidad de elegir la forma de utilizar esas energías, sea de modo positivo o negativo.

Desde el momento en que sois una mariposa liberada, es decir, desde que vuestra alma abandona el cuerpo, advertiréis enseguida que estáis dotados de capacidad para ver todo lo que ocurre en el lugar de la muerte, en la habitación del enfermo, en el lugar del accidente o allí donde hayáis dejado vuestro cuerpo.

Estos acontecimientos no se perciben ya con la conciencia mortal, sino con una nueva percepción. Todo se graba en el momento en que no se registra ya tensión arterial, ni pulso, ni respiración; algunas veces incluso en ausencia de ondas cerebrales. Entonces sabréis exactamente lo que cada uno diga y piense y la forma en que se comporte. Después podréis explicar con precisión cómo sacaron el cuerpo del coche accidentado con tres sopletes. También ha habido personas que incluso nos han precisado el número de la matrícula del coche que los atropelló y continuó su ruta sin detenerse. No se puede explicar científicamente que alguien que ya no presenta ondas cerebrales pueda leer una matrícula. Los sabios deben ser humildes. Debemos aceptar con humildad que haya millones de cosas que no entendemos todavía, pero esto no quiere decir que sólo por el hecho de no comprenderlas no existan o no sean realidades.

Si yo utilizara en este momento un silbato de perros, vosotros no podríais oírlo y, sin embargo, todos los perros lo oirían. La razón es que el oído humano no está concebido para la percepción de estas altas frecuencias. De la misma manera, no podemos percibir el alma que ha abandonado el cuerpo, aunque ésta pueda todavía grabar las longitudes de ondas terrestres para comprender lo que ocurre en el lugar del accidente o en otro lugar.

Mucha gente abandona su cuerpo en el transcurso de una intervención quirúrgica y observa, efectivamente, dicha intervención. Todos los médicos y enfermeras deben tener conciencia de este hecho. Eso quiere decir que en la proximidad de una persona inconsciente no se debe hablar más que de cosas que esta persona pueda escuchar, sea cual fuere su estado. Es triste lo que a veces se dice en presencia de enfermos inconscientes, cuando éstos pueden oírlo todo.

También es necesario que sepáis que si os acercáis al lecho de vuestro padre o madre moribundos, aunque estén ya en coma profundo, os oyen todo lo que les decís, y en ningún caso es tarde para expresar «lo siento», «te amo», o alguna otra cosa que queráis decirles. Nunca es demasiado tarde para pronunciar estas palabras, aunque sea después de la muerte, ya que las personas fallecidas siguen oyendo. Incluso en ese mismo momento podéis arreglar «asuntos pendientes», aunque éstos se remonten a diez o veinte años atrás. Podréis liberaros de vuestra culpabilidad para poder volver a vivir vosotros mismos.

En esta segunda etapa, «el muerto» —si puedo expresarme así— se dará cuenta también de que él se encuentra intacto nuevamente. Los ciegos pueden ver, los sordos o los mudos oyen y hablan otra vez. Una de mis enfermas que tenía esclerosis en placas, dificultades para hablar, y que sólo podía desplazarse utilizando una silla de ruedas, lo primero que me dijo al volver de una experiencia en el umbral de la muerte fue: «Doctora Ross, ¡yo podía bailar de nuevo!», y son miles los que estando hoy en sillas de ruedas, podrían al fin bailar otra vez, aunque cuando vuelvan a su cuerpo físico se encontrarán, evidentemente, otra vez en su viejo cuerpo enfermo.

Podréis comprender, pues, que esta experiencia extracorporal es un acontecimiento maravilloso, que nos hace sentirnos felices.

Las niñas que a consecuencia de una quimioterapia han perdido el pelo, me dicen después de una experiencia semejante: «Tenía de nuevo mis rizos.» Las mujeres que han padecido la extirpación de un seno recobran su habitual normalidad. Todos están intactos de nuevo. Son perfectos.

Mis colegas escépticos son muy numerosos y dicen: «Se trata de una proyección del deseo.» En el cincuenta y uno por ciento de todos mis casos se trata de muertes repentinas y no creo que nadie vaya a su trabajo soñando que seguirá disponiendo de sus dos piernas para atravesar una calle. Y de pronto, después de un accidente grave, ve en la calle una pierna separada de su cuerpo, sintiéndose, sin embargo, en posesión de dos piernas.

Todo esto, evidentemente, no es una prueba para un escéptico, y con el fin de tranquilizarlos hemos realizado un proyecto de investigación imponiéndonos como condición el no tomar en cuenta más que a los ciegos que no habían tenido ni siquiera percepción luminosa desde diez años antes, por lo menos. Y estos ciegos, que tuvieron una experiencia extracorporal y volvieron, pueden decirnos con detalle los colores y las joyas que llevaban los que los rodeaban en aquel momento, así como el detalle del dibujo de sus jerséis o corbatas. Es obvio que ahí no podía tratarse de visiones.

Podríais también interpretar muy bien estos hechos si la respuesta no os diera miedo. Pero, si os da miedo, seréis como esos escépticos que me han dicho que estas experiencias extracorporales serían el resultado de una falta de oxígeno. Pues bien, si aquí se tratara solamente de esa carencia de oxígeno, yo se la recetaría a todos mis ciegos. ¿Comprendéis? Si alguien no quiere admitir un hecho, encuentra mil argumentos para negarlo. Esto, de nuevo, es su problema. No intentéis convertir a los demás. En el instante mismo en que mueran, lo sabrán de todas maneras.

En esta segunda etapa os dais cuenta también de que nadie puede morir solo. Cuando se abandona el cuerpo se encuentra en una existencia en la cual el tiempo ya no cuenta, o simplemente ya no hay más tiempo, del mismo modo en que tampoco podría hablarse de espacio y de distancia tal como los entendemos, puesto que en ese caso se trata de nociones terrenales. Por ejemplo, si un joven norteamericano muere en Vietnam y piensa en su madre que reside en Washington, la fuerza de su pensamiento atraviesa esos miles de kilómetros y se encuentra instantáneamente junto a su madre. En esta segunda etapa ha dejado de existir, pues, la distancia. Son muchos los seres vivientes que han experimentado tal fenómeno, que se manifestaba de improviso cuando ellos tomaban conciencia de que alguien que vivía lejísimos se encontraba, sin embargo, muy cerca, junto a ellos. Y al día siguiente de ese hecho recibían una llamada telefónica o un telegrama informándoles que la persona en cuestión había fallecido en un lugar a cientos o miles de kilómetros de donde ellos se encontraban. Es obvio que estas personas poseen una gran intuición, pues normalmente no se tiene conciencia de tales visitas.

En esta segunda etapa también os dais cuenta de que ningún ser humano puede morir solo, y no únicamente porque el muerto pueda visitar a cualquiera, sino también porque la gente que ha muerto antes que vosotros y a la que amasteis os espera siempre. Y puesto que el tiempo no existe, puede ocurrir que alguien que a los veinte años perdió a su hijo, al morir a los noventa y nueve puede volver a encontrarlo, aún como un niño, puesto que para los del otro lado un minuto puede tener una duración equiparable a cien años de nuestro tiempo.

Lo que la Iglesia enseña a los niños pequeños sobre su ángel guardián está basado en estos hechos, ya que está probado que cada ser viene acompañado por seres espirituales desde su nacimiento hasta su muerte. Cada hombre tiene tales guías, lo creáis o no, y el que seáis judío, católico o no tengáis religión no tiene ninguna importancia. Pues este amor es incondicional y es por eso que cada hombre recibe el regalo de un guía. Mis niños pequeños los llaman «compañeros de juego» y desde muy temprano hablan con ellos y son perfectamente conscientes de su presencia. Luego van al colegio y sus padres les dicen: «Ahora ya eres mayor, ya vas al colegio. No hay que jugar más a esas chiquilladas.» Así olvida uno que tiene «compañeros de juego» hasta que llega al lecho de muerte. De este modo ocurrió con una anciana que al morir me dijo: «Ahí está de nuevo.» Y sabiendo yo de lo que ella hablaba, le pedí que me participara lo que acababa de vivir: «¿Sabe usted?, cuando yo era pequeña, él siempre estaba conmigo, pero lo había olvidado completamente.» Al día siguiente moría contenta de saber que alguien que la había querido mucho la esperaba de nuevo.

En general sois esperados por la persona a la que más amáis. Siempre la encontraréis en primer lugar. En el caso de los niños pequeños, de dos o tres años por ejemplo, cuyos abuelos, padres y otros miembros de la familia aún están con vida, es su ángel de la guarda personal quien generalmente los acoge; o bien son recibidos por Jesús u otro personaje religioso. Yo nunca he tenido la experiencia de que un niño protestante, en el momento de su muerte, haya visto a María, mientras que ella es percibida por numerosos niños católicos. Aquí no se trata de una discriminación, sino de que son esperados en el otro lado por aquellos que tuvieron para ellos la mayor importancia.

Después de realizar en esta segunda etapa la integridad del cuerpo y después de haber reencontrado a aquellos a los que más se ama, se toma conciencia de que la muerte no es más que un pasaje hacia otra forma de vida. Se han abandonado las formas físicas terrenales porque ya no se las necesita, y antes de dejar nuestro cuerpo para tomar la forma que se tendrá en la eternidad, se pasa por una fase de transición totalmente marcada por factores culturales terrestres. Puede tratarse de un pasaje de un túnel o de un pórtico o de la travesía de un puente. Como yo soy de origen suizo pude atravesar una cima alpina llena de flores silvestres. Cada uno tiene el espacio celestial que se imagina, y para mí evidentemente, el cielo es Suiza, con sus montañas y flores silvestres. Pude vivir esta transición como si estuviese en la cima de los Alpes, con su gran belleza, cuyas praderas tenían flores de tantos colores que me hacían el efecto de una alfombra persa.

Después, cuando habéis realizado este pasaje, una luz brilla al final. Y esa luz es más blanca, es de una *claridad absoluta*, y a medida que os aproximáis a esta luz, os sentís llenos del amor más grande, indescriptible e incondicional que os podáis imaginar. No hay palabras para describirlo. Cuando alguien tiene una experiencia del umbral de la muerte, puede mirar esta luz sólo muy brevemente. Es necesario que vuelva rápidamente a la tierra, pero cuando uno muere —quiero decir, morir definitivamente— este contacto entre el capullo de seda y la mariposa podría compararse al cordón umbilical («cordón de plata»)* que se rompe. Después ya no es posible volver al cuerpo terrestre, pero de cualquier manera, cuando se ha visto la luz, ya no se quiere volver. Frente a esta luz, os dais cuenta por primera vez de lo que el hombre hubiera podido ser. Vivís la comprensión sin juicio, vivís un amor incondicional, indescriptible. Y en esta presencia, que muchos llaman Cristo o Dios, Amor o Luz, os dais cuenta de que toda vuestra vida aquí abajo no es más que una escuela en la que debéis aprender ciertas cosas y pasar ciertos exámenes. Cuando habéis terminado el programa y lo habéis aprobado, entonces podéis entrar.

* Es también el nombre de la editorial alemana Die Silberschnur.

Muchos preguntan: «¿Por qué niños tan buenos deben morir?» La respuesta es sencillamente que esos niños han aprendido en poco tiempo aquello que debían aprender. Y según las personas se tratará de cosas diferentes, pero hay algo que cada uno debe aprender antes de poder volver al lugar de donde vino, y es el amor incondicional. Cuando lo aprendáis y lo practiquéis, habréis aprobado el más importante de los exámenes.

En esta Luz, en presencia de Dios, de Cristo, o cualquiera que sea el nombre con que se le denomine, debéis mirar toda vuestra vida terrestre, desde el primero al último día de la muerte.

Volviendo a ver como en una revisión vuestra propia vida, ya estáis en la tercera etapa. En ella no disponéis ya de la conciencia presente en la primera etapa o de esa posibilidad de percepción de la segunda. Ahora poseéis el conocimiento. Conocéis exactamente cada pensamiento que tuvisteis en cada momento de vuestra vida, conocéis cada acto que hicisteis y cada palabra que pronunciasteis.

Esta posibilidad de recordar no es más que una ínfima parte de vuestro saber total. Pues en el momento en que contempléis una vez más toda vuestra vida, interpretaréis todas las consecuencias que han resultado de cada uno de vuestros pensamientos, de cada una de vuestras palabras y de cada uno de vuestros actos.

Dios es el amor incondicional. Después de esta «revisión» de vuestra vida no será a Él a quien vosotros haréis responsable de vuestro destino. Os daréis cuenta de que erais vosotros mismos vuestros peores enemigos, puesto que ahora debéis de reprocharos el haber dejado pasar tantas ocasiones para crecer. Ahora sabéis que cuando vuestra casa ardió, que cuando vuestro hijo murió, que cuando vuestro marido fue herido, o cuando tuvisteis un ataque de apoplejía, todos estos golpes de la suerte representaron posibilidades para enriquecerse, para crecer. Crecer en comprensión, en amor, en todo aquello que aún debemos aprender. Ahora lo lamentáis: «En lugar de haber utilizado la oportunidad que se me ofrecía, me volví cada vez más amargo. Mi cólera y también mi negatividad han aumentado...»

Hemos sido creados para una vida sencilla, bella, maravillosa. Y quiero destacar que no sólo en América hay niños apaleados, maltratados y abandonados, sino también en la bella Suiza. Mi mayor deseo es que veáis la vida de una forma diferente. Si considerarais la vida desde el punto de vista de la manera en que hemos sido creados, vosotros no plantearíais más la cuestión de saber qué vidas se tendría el derecho de prolongar. Nadie preguntaría más si es necesario administrar o no un *cóctel* de litio para abreviar el sufrimiento. Morir no debe significar nunca padecer el dolor. En la actualidad la medicina cuenta con medios adecuados para impedir el sufrimiento de los enfermos moribundos. Si ellos no sufren, si están instalados cómodamente, si son cuidados con cariño y si se tiene el coraje de llevarlos a sus casas —a todos, en la medida de lo posible—, entonces nadie protestará frente a la muerte.

En el transcurso de los últimos veinte años solamente una persona me ha pedido terminar. Es lo que nunca he comprendido. Me senté a su lado y le pregunté: «¿Por qué quiere hacerlo?» Y me explicó: «Yo no lo quiero, pero mi madre no puede soportar todo esto; por eso le he prometido pedir una inyección.» Claro está que hablamos con la madre y la ayudamos. Se vio que no era la ira la que le hacía expresar esta petición desesperada, sino que todo se había vuelto demasiado duro para ella. Ningún moribundo os pedirá una inyección si lo cuidáis con amor y si le ayudáis a arreglar sus problemas pendientes.

Querría subrayar que a menudo el hecho de tener un cáncer es una bendición. No voy a minimizar los males del cáncer, pero quisiera señalar que hay cosas mil veces peores. Tengo enfermos que sufren esclerosis lateral amiotrófica, es decir, una enfermedad neurológica en la que la parálisis se instala progresivamente hasta la nuca. Estos enfermos no pueden ni respirar ni hablar. No sé si os podéis imaginar lo que significa el estar totalmente paralizado hasta la cabeza. No se puede ni escribir ni hablar ni nada. Si alguien entre vosotros conoce a personas afectadas de ese mal, hágamelo saber, pues tenemos un tablero de palabras que permite al enfermo comunicarse con vosotros.

Mi deseo es que demostréis a los seres un poco más de amor. Meditad sobre el hecho de que a las personas a las que cada año ofrecéis el mejor regalo de Navidad son a menudo aquellas a las que más teméis o por las que tenéis sentimientos negativos. ¿Os dais cuenta? Yo dudo de que sea útil hacer un gran regalo a alguien si se le ama incondicionalmente. Hay veinte millones de niños que mueren de hambre. Adoptad uno de esos niños y haced regalos más pequeños. No olvidéis que hay mucha pobreza en Europa occidental. Compartid vuestra riqueza, y cuando vengan las tempestades serán un regalo que reconoceréis como tal, quizá no ahora, sino dentro de diez o veinte años, puesto que se os dará fuerza y se os enseñará cosas que no habríais aprendido de otra manera. Si, hablando simbólicamente, llegáis a la vida como una piedra sin tallar, depende de vosotros el que quede completamente deshecha y destruida o que resulte un reluciente diamante.

Para terminar quisiera aseguraros que estar sentado junto a la cabecera de la cama de los moribundos es un regalo, y que el morir no es necesariamente un asunto triste y terrible. Por el contrario, se pueden vivir cosas maravillosas y encontrar muchísima ternura. Si transmitís a vuestros hijos y a vuestros nietos, así como a los vecinos, lo que habéis aprendido de los moribundos, este mundo será pronto un nuevo paraíso. Yo pienso que ya es hora de poner manos a la obra.

La muerte no existe

He reflexionado largo tiempo sobre lo que podría deciros hoy, y me gustaría contaros cómo sucedió que una pequeña «nada» que al nacer pesaba un kilo ha llegado a encontrar su camino en la vida y de qué forma aprendió a transitar. Esto es lo que hoy os relataré.

Me gustaría deciros cómo podéis vosotros también llegar al convencimiento de que esta vida terrestre, que vivís en vuestro cuerpo físico, sólo representa una pequeña parte de vuestra existencia global. Sin embargo, vuestra vida actual tiene una importancia muy grande en el marco de vuestra existencia entera puesto que estáis aquí por una razón precisa que os es propia.

Si vivís bien, no tenéis por qué preocuparos sobre la muerte, aunque sólo os quede un día de vida. El factor tiempo no juega más que un papel insignificante y de todas maneras está basado en una concepción elaborada por el hombre.

Vivir bien quiere decir aprender a amar. Ayer me emocioné escuchando al conferenciante que decía: «Entonces pues, fe, esperanza y amor, pero lo más grande de los tres es el amor.» En Suiza se hace la confirmación a los trece años y os dan un versículo para que os acompañe en la vida. Como nosotros éramos trillizos hubo que encontrar uno que nos conviniese a los tres, y se pusieron de acuerdo sobre el que hemos mencionado. A mí me dieron la palabra «amor». Por ello yo quisiera hablaros del amor. Para mí amor quiere decir vida y muerte, pues las dos son una misma cosa.*

Nací como una niña «no deseada». No porque mis padres no quisieran tener hijos, por el contrario, deseaban una niña, pero una niña bien robusta de unos cinco kilos. No esperaban tener trillizos. Y cuando aparecí yo, pesaba alrededor de un kilogramo y era muy fea. No tenía nada de pelo y fui, seguramente para ellos, una gran decepción.

---

* En las versiones inglesa y alemana de la Biblia emplean el término «amor» en lugar del término «caridad» que se utiliza en la versión francesa.

Quince minutos después nació el segundo niño y veinte minutos después el tercero, que pesaba casi tres kilos. En ese momento nuestros padres se sintieron felices, aunque quizás hubieran preferido devolver a dos de nosotros.

Yo creo que nada en la vida se debe al azar y así ocurrió con las circunstancias de mi nacimiento. Me proporcionaron el sentimiento de que incluso una «nada» de menos de un kilo debía probar con todas sus fuerzas que tenía derecho a vivir.

Tuve que trabajar muy duramente, como lo hacen los ciegos, que se creen obligados a aplicarse diez veces más de lo ordinario para no perder su empleo.

Al final de la segunda guerra mundial yo era adolescente y sentía en mí una gran necesidad de hacer algo por este mundo tan perturbado por la guerra. Me juré a mí misma que al final de la guerra iría a Polonia para participar en los primeros auxilios y colaborar en la atención a los más necesitados. Mantuve mi promesa y yo creo que eso fue el principio de mi ulterior trabajo que debía tratar sobre el morir y la muerte.

Yo misma visité los campos de concentración y vi con mis propios ojos vagones repletos de zapatos de niños, así como otros llenos de cabello humano que había pertenecido a las víctimas del campo de exterminio nazi. Se transportaba ese cabello a Alemania para confeccionar almohadas. No se puede seguir siendo la misma persona después de haber visto con los propios ojos los hornos crematorios y haber olido con la propia nariz los campos de concentración, sobre todo siendo entonces tan joven, como era mi caso, porque lo que se veía allí con toda claridad era la inhumanidad reflejada en todos nosotros.

Cada uno de los que estamos en esta sala puede convertirse en un monstruo nazi, pero de igual manera cada uno tiene la oportunidad de llegar a ser la Madre Teresa de Calcuta. Comprenderéis el significado de esto, y a quién aludo. Es una de mis santas que en la India recoge por la calle niños y adultos moribundos y hambrientos. Es un ser maravilloso, me gustaría mucho que tuvieseis ocasión de conocerla.

Antes de ir a América, yo practicaba la medicina en Suiza y me sentía muy feliz. De hecho, yo había preparado mi vida para ir a la India con el fin de trabajar como médico —como lo hizo Albert Schweitzer en África—, pero dos meses antes de partir se me informó que el proyecto había fracasado y en lugar de la jungla india yo desembarcaba en la jungla neoyorquina, después de haberme casado con un americano que me llevó allí, donde menos ganas tenía de vivir. Esto tampoco fue una casualidad. No fue el azar.

Es fácil cambiarse de casa en una ciudad que a uno le gusta, pero irse a vivir a una ciudad que no os atrae en absoluto es una prueba a la que os sometéis para verificar que sois capaces de realizar el objetivo fijado para la propia vida.

Encontré un trabajo de médico en el Manhattan State Hospital, que también es un sitio horrible. En aquella época yo no sabía gran cosa de psiquiatría y me sentía muy sola, miserable y desgraciada. Además yo no quería hacer desgraciado a mi marido, así que me dediqué completamente a mis enfermos y me identifiqué con su soledad, su desgracia y su desesperación.

Poco a poco ellos empezaron a confiar en mí y a comunicarme sus sentimientos, y de pronto comprendí que no estaba sola con mis miserias. Durante dos años lo único que hice fue vivir y trabajar con estos enfermos. Para compartir su soledad celebraba con ellos todas sus fiestas, ya fueran Yom Kippur, Navidad, Hannukkan o Pascua.

Como os decía, sabía poco de psiquiatría, y particularmente de psiquiatría teórica, que en mi posición tenía que conocer.

A causa de mis insuficientes conocimientos lingüísticos, tenía dificultades para comunicarme con mis enfermos, pero nos amábamos mucho. Sí, verdaderamente, nos amábamos mucho. Al cabo de dos años, el noventa y cuatro por ciento de estos enfermos pudo abandonar el hospital y defenderse en Nueva York, y desde entonces muchos de ellos trabajan y asumen todas sus responsabilidades. Debo deciros que todos estaban condenados como «esquizofrénicos irrecuperables».

Intento explicaros que el saber es útil, sin duda, pero que el conocimiento solo no ayudará a nadie. Si no utilizáis, además de la cabeza, vuestro corazón y vuestra alma, no ayudaréis a nadie. Fueron estos enfermos mentales, al principio sin esperanza, los que me enseñaron esta verdad. En el transcurso de mi trabajo con ellos (ya fueran esquizofrénicos crónicos o niños minusválidos mentales, o moribundos) descubrí que cada uno tiene una finalidad propia. Cada uno de estos enfermos puede, no solamente aprender y recibir vuestra ayuda, sino llegar a convertirse además en vuestro maestro. Esto también es verdad, tanto en los niños minusválidos mentales, aunque no tengan más que seis meses, como en el de los esquizofrénicos profundos, que a primera vista tienen un comportamiento animal. Pero los mayores maestros de este mundo son los moribundos.

Si uno se toma el tiempo de sentarse junto a la

cabecera de la cama de los moribundos, ellos son los que nos informan sobre las etapas del morir. Nos muestran de qué modo pasan por los estados de cólera, de desesperación, del «¿por qué justamente yo?» y también la forma en que acusan a Dios, rechazándolo incluso durante un tiempo. Luego comercian con Él y caen seguidamente en las peores depresiones. Pero si a lo largo de estas fases están acompañados por un ser que les ama, pueden llegar al estado de aceptación.

Todo esto no tiene aún nada que ver con las fases del morir propiamente dicho. Nosotros las llamamos fases del morir porque carecemos de una mejor denominación. Mucha gente vive fases similares en el momento en que un amigo o amiga los abandona o al perder un empleo o si tienen que abandonar la casa en la que vivieron durante cincuenta años para ir a un asilo, o algunas veces, incluso, al perder un animalito doméstico o simplemente una lentilla de contacto. En mi opinión, el sentido del sufrimiento es éste: todo sufrimiento genera crecimiento.

La mayoría de la gente considera sus condiciones de vida como difíciles y sus pruebas y sus tormentos como una maldición, un castigo de Dios, algo negativo. Si pudiéramos comprender que nada de lo que nos ocurre es negativo, y subrayo: ¡absolutamente nada!... Todos los sufrimientos y pruebas, incluso las pérdidas más importantes, así como todos los acontecimientos ante los que decimos: «Si lo hubiese sabido antes, no lo habría podido soportar», son siempre regalos. Ser infeliz y sufrir es como forjar el hierro candente, es la ocasión que nos es dada para crecer y la única razón de nuestra existencia.

No se puede crecer psíquicamente estando sentado en un jardín donde os sirven una suculenta cena en una bandeja de plata, sino que se crece cuando se está enfermo, o cuando hay que hacer frente a una pérdida dolorosa. Se crece si no se esconde la cabeza en la arena sino que se acepta el sufrimiento intentando comprenderlo, no como una maldición o un castigo sino como un regalo hecho con un fin determinado.

Quisiera citaros un ejemplo clínico. En uno de mis grupos de trabajo, que duran una semana, y en los que todos los participantes viven juntos, había una mujer joven. No había perdido a su hijo, pero había tenido que enfrentarse a varias «pequeñas muertes», como nosotros las llamamos.

Cuando dio a luz a su segundo hijo, una niña muy esperada, se le informó de forma muy inhumana que la criatura tenía un severo retraso y que nunca sería capaz de reconocerla como a su madre.

Apenas había tenido tiempo de darse cuenta de lo que para ella suponía esta prueba, cuando fue abandonada por su esposo.

Se encontró por lo tanto sola, con dos niños que dependían de ella y sin ingresos económicos ni asistencia.

Al principio, su actitud fue negativa. Negaba todo enérgicamente. No pronunciaba ni siquiera las palabras «enfermo mental». Después su cólera se volvió contra Dios. Lo maldijo, negó su existencia hasta llegar a insultarlo. Después intentó negociar con Él, haciéndole promesas. «Si por lo menos mi niña pudiera aprender algo, si al menos pudiera reconocer a su madre»... Finalmente reconoció un significado profundo en el hecho de haber tenido esta hija. Ahora me gustaría contaros cómo logró solucionar su problema.

Comenzó comprendiendo que nada de lo que nos ocurre es debido a la casualidad. Miraba a su hija con más frecuencia para intentar encontrar el sentido de esta vida tan miserable sobre la tierra, y encontró la solución del enigma. Me gustaría leeros un poema que escribió y que explica cómo encontró la respuesta. Ella no es poeta, pero éste es un poema muy conmovedor en el que se identifica con su niña, que habla con su madrina, y por eso lo ha titulado:

¿Qué es una madrina?
Yo sé que tú eres algo especial.
Durante meses esperaste mi llegada,
estabas presente y me viste cuando sólo tenía unos
[minutos.
Me cambiaste los pañales cuando tenía sólo unos
[días.
Imaginabas en sueños cómo sería tu primera
[ahijada.
Sería algo tan especial como tu hermana.
Con tu pensamiento, ya me acompañabas a la
[escuela, a la universidad y al altar.
¿Qué sería yo? ¿Sería un honor para los míos?
Pero Dios tenía otros proyectos para mí.
Yo no soy más que yo misma.
Nadie dijo que yo tendría que ser algo precioso.
Algo no funciona en mi cabeza.
Seré por siempre un hijo de Dios.
Soy feliz. Amo a todo el mundo y todos me aman.
No puedo decir muchas palabras.
Pero puedo hacerme entender y comprender el
afecto, el calor, la ternura, el amor.
En mi vida hay seres particulares.
A veces estoy sentada y sonrío y a veces lloro.
Quisiera saber por qué...

¿Qué más puedo pedir?
Claro está que nunca iré a la universidad y que
[nunca me casaré.
Pero no estés triste, Dios me ha hecho muy
[especial.
No puedo hacer el mal, yo no puedo más que amar.
¿Recuerdas cuando fui bautizada? Me tenías en
[brazos y
esperabas que no gritara, ¡y que no me cayera de
[tus brazos!
Nada de eso ocurrió y fue un día muy feliz.
¿Por eso fuiste mi madrina?
Sé que eres tierna y cálida, que me amas, y que en
[tus ojos
hay algo muy particular. Veo esta mirada y siento
[este amor en otros.
Debo de ser especial para tener tantas madres.
A los ojos del mundo nunca tendré éxito,
pero te aseguro algo que poca gente puede hacer
puesto que no conozco más que amor, bondad e
[inocencia,
la eternidad nos pertenecerá, madrina mía.

Ésta es la misma madre que unos meses antes estaba dispuesta a que su niña resbalara hacia la piscina, esperando que se cayera y se ahogara mientras ella estuviese ocupada en la cocina. Espero que os deis cuenta de la transformación de esta mujer. Esto les ocurre a los que están dispuestos a mirar las cosas que les suceden desde el otro lado de la medalla. Nada tiene un solo aspecto. Aunque alguien esté gravemente enfermo, aunque sufra y no tenga a nadie a quien confiarse, aunque la muerte venga a buscarlo a la mitad de la vida y no haya comenzado todavía a vivir de veras, aun así es preciso que mire el lado opuesto de la medalla.

De pronto se llega a formar parte de esas pocas personas que pueden echar por la borda todo lo superfluo, y dirigirse a alguien diciéndole: «Te amo», pues saben que no les queda mucho tiempo de vida. Se puede al fin hacer cosas que verdaderamente se tiene deseos de hacer. Muchos de entre vosotros no hacen el trabajo que en su fuero interno habrían querido realizar. Deberíais volver a casa y empezar otra cosa, ¿comprendéis lo que os quiero decir? Nadie debería vivir en función de lo que los otros han dicho que hay que hacer. Esto es como si se obligase a un adolescente a emprender un oficio que no le conviene. Si se escucha la voz interior y el propio saber interno, que con relación a uno mismo es el más importante, entonces uno no se engañará y sabrá lo que debe hacer con su vida. En este contexto el factor tiempo no tiene ninguna importancia.

Después de haber trabajado con moribundos durante muchos años y tras haber aprendido al lado de ellos lo que es esencial en la vida, ya que hablan de sus arrepentimientos, de sus disgustos, justo antes de morir, cuando todo parece demasiado tarde, comencé a reflexionar sobre qué es la muerte.

En mis cursos, el testimonio ofrecido por la señora Schwartz fue el primero que conocimos de una experiencia extracorporal experimentada por alguno de nuestros enfermos.

Actualmente, en 1977 ya disponemos de centenares de testimonios parecidos, redactados en California, en Australia o en otros lugares. Todos tienen un denominador común, y es que las personas en cuestión abandonaron su cuerpo físico con toda conciencia. Esta muerte, de la que los científicos quieren convencernos, no existe en realidad. La muerte no es más que el abandono del cuerpo físico, de la misma manera que la mariposa deja su capullo de seda. La muerte es el paso a un nuevo estado de conciencia en el que se continúa experimentando, viendo, oyendo, comprendiendo, riendo, y en el que se tiene la posibilidad de continuar creciendo. La única cosa que perdemos en esta transformación es nuestro cuerpo físico, pues ya no lo necesitamos. Es como si se acercase la primavera, guardamos nuestro abrigo de invierno, sabiendo que ya está demasiado usado y no nos lo pondremos de todas maneras. La muerte no es otra cosa.

Ninguno de mis enfermos que haya vivido una experiencia del umbral de la muerte ha tenido a continuación miedo a morir, y quisiera subrayarlo, ¡ni siquiera uno solo de ellos!

Muchos de estos enfermos nos han contado también que, además de la paz, de la calma y de la certeza de percibir sin ser percibidos, habían tenido la impresión de integridad física; por ejemplo, alguien que había perdido una pierna a consecuencia de un accidente de automóvil, la vio separada, en el suelo, y a la vez tuvo la impresión de conservar las dos piernas después de haber abandonado su cuerpo.

Una de nuestras enfermas se volvió ciega a consecuencia de una explosión en un laboratorio. Inmediatamente después se encontró en el exterior de su cuerpo pudiendo ver de nuevo. Miraba las consecuencias de este accidente y describió más tarde lo que ocurría cuando la gente llegaba al lugar. Cuando los médicos consiguieron hacerla volver a la vida, se había quedado completamente ciega. Ésta es la explicación de por qué muchos de los moribundos luchan contra nuestras tentativas de volverlos a la vida, cuando ellos se encuentran en un lugar mucho más maravilloso, más bello y más perfecto.

A propósito, los momentos que me han parecido más impresionantes han sido los que se relacionan con mi trabajo con niños moribundos. No hace mucho tiempo que me vengo dedicando a este aspecto de mis tareas. Actualmente casi todos mis enfermos son niños. Yo los llevo a sus casas para que puedan morir. Preparo a sus padres, a sus hermanos y hermanas. Los niños temen estar solos en el momento de la muerte, tienen miedo de que no haya nadie junto a ellos. En el acontecimiento espiritual del pasaje no se está solo, como tampoco estamos solos en la vida cotidiana, pero esto no lo sabemos. Por tanto, en el momento de la transformación, nuestros guías espirituales, nuestros ángeles de la guarda y los seres queridos que se fueron antes que nosotros, estarán cerca de nosotros y nos ayudarán. Esto nos ha sido confirmado siempre, así que ya no dudamos nunca de este hecho. ¡Notad bien que hago esta afirmación como un hecho científico! Siempre hay alguien para ayudarnos cuando nos transformamos. Generalmente son los padres o madres que nos han «precedido», los abuelos o abuelas o incluso un niño que haya partido antes que nosotros, y frecuentemente llegamos incluso a encontrar a personas que ignorábamos estuviesen ya al «otro lado»...

Tenemos el caso de una chiquilla de doce años que no quería hablar con su madre de su experiencia maravillosa, puesto que ninguna madre quiere oír que uno de sus hijos se haya sentido mejor en otro lugar que no sea su casa, y esto es comprensible. La experiencia de la niña era tan extraordinaria que tuvo la necesidad de contársela a alguien y entonces le confió a su padre lo que había vivido en el momento de su «muerte». Fueron acontecimientos tan maravillosos que no quería volver. Independientemente del esplendor magnífico y de la luminosidad extraordinaria que han sido descritos por la mayoría de los sobrevivientes, lo que este caso tiene de particular es que su hermano estaba a su lado y la había abrazado con amor y ternura.

Después de haber contado todo esto a su padre, añadió: «Lo único que no comprendo de todo esto es que en realidad yo no tengo un hermano.» Su padre se puso a llorar y le contó que, en efecto, ella había tenido un hermano del que nadie le había hablado hasta ahora, que había muerto tres meses antes de su nacimiento.

¿Comprendéis por qué os cito un ejemplo como éste? Porque mucha gente tiene tendencia a decir: «Claro, no se había muerto aún, y en el momento de la muerte, naturalmente, se piensa en los que se ama y se los imagina uno físicamente.»

Pero esta niña de doce años no había podido representarse a su hermano.

Yo siempre pregunto a todos mis niños moribundos a quién desearían ver, a quién les gustaría tener cerca de ellos. Claro está que mi pregunta se refiere siempre a una presencia terrestre (muchos de mis enfermos no son creyentes y yo no podría hablar con ellos de una presencia después de la muerte. Se sobreentiende que no impongo a nadie mis convicciones). Les pregunto pues a mis niños a quién les gustaría tener cerca si tuvieran que elegir a una persona. El noventa por ciento se deciden por «mamá» o «papá». Con los niños negros es diferente, ellos prefieren a menudo a una de sus tías o abuelas, pues las ven más frecuentemente y las quieren más. Aquí sólo se trata de diferencias culturales. Ninguno de los niños que optaron por «papá» o «mamá» contó, tras una de estas experiencias del umbral de la muerte, haber visto a ninguno de sus padres, a menos que uno de ellos hubiese muerto antes.

Mucha gente podría decir otra vez: «Se trata de una proyección del pensamiento engendrada por un deseo. Como los que mueren están solos, se sienten abandonados y tienen miedo, es por eso que imaginan a alguien a quien amar.» Si esta afirmación fuera cierta, el noventa y nueve por ciento de mis niños de cinco, seis o siete años deberían ver a su padre o a su madre. Hemos consignado los casos a lo largo de los años, y ninguno de ellos ha dicho, en el caso de su muerte aparente, que había visto a su padre o a su madre, puesto que éstos aún vivían.

Sobre la cuestión de saber a quién se ve en una muerte aparente, dos condiciones se manifiestan con un denominador común: primera, que la persona percibida debía de haber «partido» antes, aunque sólo fuera unos minutos antes, y segunda, que debía de haber existido un lazo de amor real entre ellos.

Pero aún no os he contado el caso de la señora Schwartz. Murió dos semanas después de que su hijo terminara la escuela. Yo la hubiera olvidado sin duda como una más de mis numerosos pacientes si ella no hubiera regresado y me hubiese visitado.

Aproximadamente diez meses después de su entierro yo estaba furiosa, una vez más. Mi seminario sobre el morir y la muerte estaba a punto de hacer agua. Debía renunciar a la colaboración del pastor con el que trabajaba y al que quería mucho. Mientras, el nuevo pastor buscaba influir en el público recurriendo a los medios de comunicación. Estábamos, por tanto, obligados a hablar cada semana de las mismas cosas, pues mi seminario entretanto se había convertido en un acontecimiento. Yo no tenía ningunas ganas de continuar participando. Sentía la situación como una especie de tentativa de prolongar una vida que no valía la pena de ser vivida. Yo no podía ser yo misma. No veía otra salida para alejarme de ese trabajo que la de dejar la universidad. La decisión era difícil pues amaba mi trabajo, pero no llevado a cabo de esa manera. Tomé a mi pesar esta decisión: «Abandonaré la universidad hoy mismo, presentaré mi dimisión al final del seminario sobre el morir y la muerte.»

Después de cada seminario el pastor y yo tomábamos a la vez el ascensor y terminábamos nuestra discusión sobre el trabajo cuando uno de los dos se detenía. El problema de este pastor es que oía mal, lo que lo complicaba todo. Entre la sala de conferencias y los ascensores le dije tres veces que debía volver a los cursos, pero no me escuchaba y continuaba hablando de otra cosa.

Yo estaba al borde de la desesperación, y cuando me desespero me vuelvo muy activa. Antes de que el ascensor se detuviese lo cogí por el cuello, aunque él era gigantesco, y le dije: «Quédese ahí. He tomado una decisión muy importante de la que quisiera informarle.»

En ese momento apareció una mujer delante del ascensor. Sin querer, yo la miraba fijamente. No puedo describirla, pero os podéis imaginar cómo se siente uno cuando se encuentra con alguien a quien se conoce mucho y de pronto no se sabe quién es. Le dije entonces al pastor: «Dios mío, ¿quién es? Yo conozco a esa mujer, me mira y espera que usted tome el ascensor para acercarse a mí.» Estaba tan preocupada por la visión de esa mujer que se me había olvidado por completo que seguía asiendo al pastor por el cuello. Con esa aparición mi proyecto fue desbaratado.

La mujer era muy transparente, pero no tanto como para poder ver a través de ella. Le pregunté una vez más al pastor si la conocía, pero no me respondió. No insistí y lo último que le dije fue más o menos esto: «¡Vaya! Iré a verla y le diré que por el momento no recuerdo su nombre.» Éstas fueron mis últimas palabras antes de que él partiera.

Desde el momento en que subió al ascensor la mujer se acercó a mí y me dijo: «Doctora Ross, yo debía volver. ¿Me permite que la acompañe a su despacho? No abusaré de su tiempo.» Dijo algo más o menos parecido, y como aparentemente sabía dónde estaba mi despacho y conocía mi nombre me sentí aliviada al no tener que admitir que yo no recordaba el suyo. Sin embargo, fue el camino más largo de mi vida. Yo soy psiquiatra y trabajo desde hace mucho tiempo con enfermos esquizofrénicos a los que quiero mucho. Cuando me cuentan alucinaciones visuales les contesto siempre: «Sí, ya lo sé, ves una virgen en la pared pero yo no puedo verla.» Y ahora yo me digo a mí misma: «Elisabeth, tú sabes que ves a esta mujer y, sin embargo, esto no puede ser verdad.» ¿Podéis poneros en mi lugar? Mientras caminaba desde los ascensores hasta mi despacho, me seguía preguntando si era posible lo que estaba viendo, me decía a mí misma: «Estoy demasiado cansada y necesito vacaciones. Tengo que tocar a esta mujer para saber si está caliente o fría.» Fue el camino más increíble que yo haya hecho nunca.

Durante todo ese tiempo ni siquiera sabía por qué hacía todo esto ni quién era ella. De hecho, incluso rechacé el pensamiento de que esta aparición pudiera ser la de la señora Schwartz, que había sido enterrada hacía algunos meses. Cuando juntas alcanzamos la puerta de mi despacho, ella la abrió como si yo fuera la invitada en mi casa. La abrió con una finura, una dulzura y un amor irresistible y dijo: «Doctora Ross, yo debía venir por dos razones. La primera, para darle las gracias a usted y al pastor G. (se trataba del maravilloso pastor negro con el que me entendía tan bien) por todo lo que hicieron por mí, pero la verdadera razón por la que debía volver es para decirle que no debe abandonar este trabajo sobre el morir y la muerte, por lo menos, no por ahora.»

Yo la miraba, pero no puedo ahora decir si en aquel momento pensaba realmente que la señora Schwartz estaba delante de mí, sabiendo que había sido enterrada hacía diez meses. Además, yo no creía que tales cosas fueran posibles.

Finalmente me fui a mi despacho. Toqué los objetos que conocía como reales. Toqué mi escritorio, pasé la mano por la mesa, palpé la silla. Todo estaba concretamente presente. Podréis imaginaros que todo ese tiempo yo esperaba que por fin aquella mujer desapareciese. Pero no desaparecía sino que me repetía insistente pero amablemente: «Doctora Ross, ¿me escucha? Su trabajo no ha terminado todavía. Nosotros la ayudaremos, sabrá cuándo podrá dejarlo, pero se lo ruego, no lo interrumpa ahora. ¿Me lo promete? Su trabajo no ha hecho más que comenzar.»

Durante ese tiempo yo pensaba: «Dios mío, nadie me creerá si cuento lo que estoy viviendo ahora, ni siquiera mis más íntimos amigos.»

En aquella época, evidentemente, yo no me imaginaba que un día podría hablar delante de centenares de personas. Por fin la científica que hay en mí terminó sobreponiéndose y astutamente le dije: «Ya sabrá usted que el pastor G. vive actualmente en Urbana, puesto que ha vuelto a una parroquia.» Y continué casi inmediatamente: «Seguramente estará encantado de recibir una nota suya. ¿Ve usted algún inconveniente?» Y le pasé un lápiz y una hoja de papel.

Naturalmente, no tenía ninguna intención de enviar esas líneas a mi amigo, pero necesitaba una prueba palpable, puesto que está claro que una persona enterrada no puede escribir una carta. Esa mujer, con una sonrisa muy humana, mejor dicho, no humana, con una sonrisa llena de amor, podía leer todos mis pensamientos. Yo sabía mejor que nunca que se trataba de lectura de pensamiento. Cogió el papel y escribió varias líneas. (Naturalmente, las enmarcamos y las guardamos como un tesoro.) Después dijo, sin abrir la boca: «¿Está usted contenta?» Yo la miraba fijamente y pensaba: «No podré compartir con nadie esta experiencia, pero conservaré esta hoja de papel.» Después, preparándose para partir me repitió: «Doctora Ross, me lo promete, ¿verdad?» Yo sabía que me hablaba de la continuación de mi trabajo, y le respondí: «Sí, lo prometo.» Desapareció. Guardamos todavía sus líneas manuscritas.

Hace alrededor de un año y medio se me informó que mi trabajo relacionado con los moribundos había terminado puesto que otros podrían continuarlo y que ese trabajo no era la verdadera vocación para la que yo había venido a la tierra. Mi trabajo sobre el morir y la muerte no sería para mí más que una prueba para verificar si era capaz de imponerme a pesar de las dificultades, la difamación, la resistencia y muchas cosas más. Salí bien de este examen y lo aprobé. La segunda prueba consistía en verificar si la gloria se me subiría a la cabeza, pero no se me subió, y también la pasé.

Mi tarea verdadera, y en este punto necesito vuestra ayuda, consiste en decir a los hombres que la muerte no existe. Es importante que la humanidad lo sepa, pues nos encontramos en el umbral de un período muy difícil, no únicamente en América sino en todo el planeta Tierra. La falta tiene que ver con nuestra sed de destrucción, incumbe a las armas atómicas, incumbe también a nuestra codicia, a nuestro materialismo y a nuestro comportamiento en materia de polución. Somos culpables de haber destruido muchos dones de la naturaleza y de haber perdido toda espiritualidad. Yo exagero un poco, pero seguramente no demasiado. El único modo de aportar un cambio para el advenimiento del tiempo nuevo, consiste en que la tierra comience a temblar a fin de conmovernos y tomar conciencia.

Es necesario que lo sepáis, pero no que tengáis miedo. Sólo abriéndoos a la espiritualidad y perdiendo el miedo llegaréis a la comprensión y a revelaciones superiores. A esto podéis llegar todos.

Para ello, no es necesario dirigiros a un guía, ni tenéis la obligación de iros a la India, ni siquiera os hace falta un curso de meditación. Es suficiente con que aprendáis a entrar en contacto con vuestro yo, y esto no os cuesta nada. Aprended a tomar contacto con vuestro ser profundo y aprended a desembarazaros de cualquier miedo.

Una manera de no volver a tener miedo es saber que la muerte no existe y que todo lo que nos sucede en esta vida sirve para un fin positivo. Desembarazaos de vuestra negatividad, empezad a tomar la vida como un reto, como un lugar de examen para poner a prueba vuestras capacidades internas y vuestra fuerza.

La casualidad tampoco existe. Dios no es alguien que castiga y condena. Después de haber dejado definitivamente vuestro cuerpo físico, llegaréis al lugar que se designa como cielo o infierno, lo que no tiene nada que ver con el Juicio Final. Lo que hemos aprendido por nuestros amigos que se fueron, lo que aprendimos de los que volvieron, es la certeza de que cada ser, después de su pasaje, debe mirar algo que recuerda a una pantalla de televisión, en la que se reflejan todos nuestros actos, palabras y pensamientos terrestres. Esto sucede después de haber experimentado un sentimiento de paz, equilibrio y plenitud, habiendo encontrado a una persona querida para ayudarnos a dar este paso. De esta manera, tenemos la ocasión de juzgarnos a nosotros mismos en lugar de ser juzgados por un Dios severo. A través de vuestra vida aquí abajo vosotros creáis desde entonces vuestro infierno o vuestro cielo en el más-allá.

La vida, la muerte,
y la vida
después de la muerte

Quisiera hablaros de algunas experiencias que hemos podido tener a lo largo de los últimos diez años y que se refieren a la vida, a la muerte, y a la vida después de la muerte, y esto después de estudiar seriamente el campo de la muerte y de una vida después de la muerte. Después de habernos ocupado durante muchos años de los enfermos moribundos, hemos entendido que nosotros, los humanos, a pesar de que nuestra presencia en la Tierra se remonta a millones de años, no hemos encontrado aún respuesta a la pregunta quizá más importante de todas: la definición, el significado y el propósito de la vida y de la muerte.

Me gustaría compartir con vosotros algunos aspectos de las investigaciones en el campo de la muerte y de la vida después de la muerte. Pienso que ha llegado el tiempo de reunir todo lo descubierto por nosotros, en un lenguaje accesible a todos, con el fin de estar capacitados para ayudar, eventualmente, a los hombres que deben afrontar la pérdida de un ser querido. Sobre todo cuando se trata de una muerte repentina en la que no podemos entender por qué nos sucede ese drama. También hay que conocer estas cosas cuando se trata de asistir a los moribundos y a sus familias. Además, siempre escuchamos estas preguntas: «¿Qué es la vida? ¿Qué es la muerte? ¿Por qué los niños tienen que morir, sobre todo los más pequeños?»

Por diferentes razones, hasta el presente no hemos dado a conocer con la debida amplitud los resultados de nuestras investigaciones. Desde hace largo tiempo estudiábamos las experiencias del umbral de la muerte, pero en nuestro espíritu guardábamos el hecho de que se trataba *solamente* de una experiencia del umbral de la muerte y no de la muerte verdadera.

Antes de saber qué les sucedía a las personas al final de esa transición, hemos preferido no hablar de nuestras investigaciones, preocupados por no propagar verdades a medias. Lo único que publicó el centro Shanti Nilaya sobre este tema fue una carta que yo escribí e ilustré con lápices de colores a un chico de nueve años del sur de Estados Unidos que tenía cáncer y que me planteaba en una carta esta pregunta emocionante: «¿Qué es la vida? ¿Qué es la muerte? ¿Por qué los niños mueren y deben morir?»

Anteriormente la gente tenía un contacto mucho más estrecho con todo lo referente a la muerte y creía en un cielo o en una vida después de la muerte. Solamente hace cien años que empezó este proceso en virtud del cual cada vez es menor el número de personas que sabe con certeza que después de abandonar el cuerpo físico nos espera otra vida. Pero no es ahora el momento ni éste el lugar para demostrar este proceso.

Actualmente estamos ya en un nuevo tiempo de valores espirituales (en oposición a los valores materiales), aunque no hay que identificar la expresión «valores espirituales» con religiosidad. Se trata más bien de una toma de conciencia, de la comprensión de que existe algo mucho más grande que nosotros que ha creado el universo y la vida, y que en esta creación representamos una parte importante y bien determinada que puede contribuir al desarrollo del todo.

En el momento del nacimiento cada uno de nosotros ha recibido la chispa divina que procede de la fuente divina. Esto quiere decir que llevamos una parte de este origen, y gracias a ello nos sabemos inmortales.

Mucha gente empieza a comprender que el cuerpo físico no es más que una casa, un templo, como nosotros solemos llamarle, el «capullo de seda» en el que vivimos durante un cierto tiempo hasta la transición que llamamos «muerte». Cuando llega la muerte abandonamos el capullo de seda y somos libres como una mariposa. Nos servimos de esta imagen del lenguaje simbólico y la utilizamos al hablar con los niños moribundos o con sus hermanos y hermanas.

A lo largo de estos últimos veinte años me he ocupado esencialmente de enfermos moribundos. Al empezar este trabajo no estaba interesada en la vida después de la muerte, incluso no tenía una idea precisa sobre la definición de la muerte, exceptuando, por supuesto, la definición desde el punto de vista médico, que evidentemente me era familiar.

Cuando se reflexiona sobre la definición de la muerte, muy pronto se comprende que nos referimos únicamente al cuerpo físico, como si el hombre sólo fuera esa envoltura. Yo misma formaba parte del conjunto de científicos que no habían cuestionado nunca esa concepción. Creo que la definición de la muerte volvió a adquirir notoriedad en el curso de la década de los años sesenta, cuando se planteó el problema de los trasplantes de órganos, sobre todo los de riñón y corazón. Desde el punto de vista ético, miles de científicos cuestionaron seriamente el momento en que se tendría derecho a tomar de alguien un órgano para trasplantarlo a un enfermo con el objeto de procurar salvar su vida.

En los últimos años, el deber de afrontar estos problemas ha provocado varios planteamientos de tipo jurídico. Nuestro materialismo ha alcanzado un punto en el que los médicos fuimos acusados por personas que pretendían que tal miembro de la familia todavía vivía cuando se le había quitado el órgano en cuestión, o bien se nos acusaba de haber esperado demasiado tiempo para realizar el trasplante, prolongando quizás inútilmente la vida del enfermo del que se trataba. Las compañías de seguros contribuyeron también a poner en evidencia este problema porque en el momento de un accidente familiar con frecuencia les resulta importante saber cuál de las personas falleció primero, aunque sólo se trate de minutos, por cuestiones relativas a la herencia.

Es inútil decirles que estas querellas me hubieran dejado indiferente si no hubiera tenido que afrontar tales problemas por razón de mi trabajo y de mis propias experiencias junto a los moribundos.

Yo soy por naturaleza una persona semicreyente, algo escéptica, para decirlo prudentemente, y como tal no me interesaba la eventualidad de una vida después de la muerte, pero ciertas observaciones se repetían con tal frecuencia que me vi forzada a asomarme a la cuestión. En aquella época empezaba yo a preguntarme por qué nadie había estudiado aún este problema, no por razones científicas precisas o para poder hacer uso de las conclusiones en caso de un proceso judicial, sino únicamente por curiosidad natural.

El hombre existe sobre el planeta Tierra desde hace 47 millones de años. Y en su forma actual, con su dimensión divina, desde hace siete millones de años. Cada día los hombres mueren por todas partes. Y nuestra sociedad, sin embargo, no ha realizado ningún esfuerzo para estudiar la muerte y llegar a una definición actualizada y universal de la muerte humana, mientras que ha triunfado enviando hombres a la Luna y logrando igualmente que regresaran sanos y salvos. ¿No resulta extraño?

En el período en que estaba entregada a mi trabajo con los moribundos y además daba clases, mis estudiantes y yo misma decidimos un buen día intentar buscar una definición actualizada y universal de la muerte. En alguna parte se ha dicho: «Pedid y se os dará. Buscad y encontraréis. Llamad y se os abrirá.» En otras palabras: «Llegará el Maestro cuando el discípulo esté preparado.» Esta frase resultó justa para nosotros dado que ya durante la primera semana, después de enunciar la pregunta y habernos comprometido a encontrar la respuesta, vinieron a vernos algunas enfermeras para compartir con nosotros una experiencia provocada por una mujer que estaba en cuidados intensivos por decimoquinta vez. En cada ocasión se esperaba su muerte, y cada vez conseguía salir del hospital para vivir durante semanas o meses. Podemos decir ahora que fue nuestro primer caso de una experiencia del umbral de la muerte.

Al mismo tiempo que esto ocurría, se acentuaban en mí la sensibilidad y observancia hacia los fenómenos inexplicables que se presentaban justo antes de la muerte. Eran numerosos los que comenzaban a «alucinar» y a repetir las palabras de los parientes que habían muerto antes que ellos y con los que parecían tener una especie de comunicación, aunque yo no podía ver ni entender a esos seres. Observaba también que aun los enfermos más rebeldes y difíciles se calmaban poco antes de su muerte y se desprendía de ellos una paz solemne apenas cesaban los dolores, aunque sus cuerpos estuvieran invadidos por tumores o metástasis.

Podía observar también que inmediatamente después del fallecimiento, el rostro de mis enfermos expresaba paz, equilibrio y serenidad, y esto era tanto más incomprensible en los casos en los que el moribundo poco antes de morir se encontraba en un estado de cólera, de agitación o de depresión.

Mi tercera observación, y sin duda la más subjetiva, era el hecho de que estando siempre muy próxima a mis enfermos, y comunicándome con ellos con un amor profundo, influyeron en mi vida al tiempo que yo influía en la de ellos, de una forma muy personal e incisiva. Sin embargo, minutos después de su muerte mis sentimientos por ellos ya no existían, lo que me extrañaba tanto que me preguntaba si yo era normal. Cuando los miraba en su lecho de muerte, tenía la impresión de que se habían quitado el abrigo de invierno, como cuando llega la primavera, ya que no les hacía falta nada más. Tenía la certeza increíble de que esos cuerpos no eran más que unas envolturas y de que mis queridos enfermos ya no estaban en la cama.

Se sobreentiende que yo, como científica, no

tenía explicación sobre ese fenómeno y tenía por ello la tendencia a dejar de lado estas observaciones, y seguramente hubiera mantenido esta actitud si la señora Schwartz no hubiera producido un cambio en mí.

Su marido era esquizofrénico y cada vez que tenía una crisis intentaba matar a su hijo menor, que era el único de sus muchos hijos que vivía todavía en casa. La enferma estaba convencida de que si moría ella demasiado pronto su marido perdería el control y su hijo estaría en peligro de muerte. Gracias a una organización de ayuda social llegamos a colocar al hijo cerca de familiares, así la señora Schwartz dejó el hospital aliviada y liberada sabiendo que, aunque no viviera mucho tiempo, su hijo al menos estaba seguro.

Esta enferma volvió a nuestro hospital después de un año, más o menos, y fue nuestro primer caso de una experiencia en el umbral de la muerte. Tales experiencias han sido publicadas estos últimos años en numerosos libros y periódicos y son por consiguiente conocidas por el gran público.

Por su informe médico, la señora Schwartz fue admitida en un hospital local de Indiana, puesto que su estado crítico no le permitía un traslado hasta Chicago, que estaba demasiado lejos. Recuerdo que estaba muy delicada, y que la ubicaron inmediatamente en una habitación privada. Entonces comenzó a reflexionar sobre si debía desafiar una vez más a la muerte o si podía dejarse llevar tranquilamente para abandonar su envoltura. Fue entonces cuando vio entrar a la enfermera, echar una mirada sobre ella y precipitarse fuera de la habitación. La señora Schwartz se vio deslizarse lenta y tranquilamente fuera de su cuerpo físico y pronto flotó a una cierta distancia por encima de su cama. Nos contaba, con humor, cómo desde allí miraba su cuerpo extendido, que le parecía pálido y feo. Se encontraba extrañada y sorprendida, pero no asustada.

Nos contó cómo vio llegar al equipo de reanimación y nos explicó con detalle quién llegó primero y quién último. No sólo escuchó claramente cada palabra de la conversación, sino que pudo leer igualmente los pensamientos de cada uno. Tenía ganas de interpelarlos para decirles que no se dieran prisa puesto que se encontraba bien, pero cuanto más se esforzaba en explicarles más la atendían solícitamente, hasta que poco a poco comprendió que era ella únicamente la que podía entender, mientras que los demás no la oían. La señora Schwartz decidió entonces detener sus esfuerzos y perdió la conciencia, como nos dijo textualmente. Fue declarada muerta cuarenta y cinco minutos después de empezar la reanimación y dio signos de vida después, viviendo todavía un año y medio más. Compartió su experiencia con mis estudiantes y conmigo en uno de mis seminarios. No necesito decir aquí que este caso representó para mí algo nuevo, puesto que yo no había oído hablar nunca de tal experiencia de muerte aparente, aunque era doctora en medicina desde hacía tiempo. Mis estudiantes se extrañaron de que no clasificase esta experiencia simplemente como una alucinación, una ilusión o como la desintegración de la conciencia de la personalidad. Querían a toda costa dar un nombre a esta vivencia para identificarla, clasificarla y no tener que pensar más en ella.

Estábamos convencidos de que la experiencia de la señora Schwartz no era un caso aislado. Esperábamos ahora descubrir otros casos similares e incluso eventualmente recoger suficiente información como para saber si la muerte aparente era un acontecimiento frecuente, raro o únicamente vivido por la señora Schwartz.

No necesito decir, puesto que en la actualidad es notorio, que numerosos investigadores médicos y psicólogos, así como los que estudian los fenómenos parapsicológicos, se han propuesto el registro estadístico de casos como el nuestro, y en el transcurso de los últimos años han proporcionado más de veinticinco mil en el mundo entero.

Lo más sencillo será resumir lo que estas personas, que están clínicamente muertas, viven en el momento en que su cuerpo físico deja de funcionar. Lo llamamos simplemente «experiencia de muerte aparente» o «del umbral de la muerte» (*near death experience*) puesto que todos estos enfermos, una vez restablecidos, la han podido compartir con nosotros. Más adelante hablaré de lo que les ocurre a los que no vuelven más. Es importante saber que de todos los enfermos con paros cardíacos graves y que han vuelto a la vida después de una reanimación, solamente un diez por ciento guarda el recuerdo de las experiencias vividas durante el cese de sus constantes vitales. En otro orden, esto se comprende fácilmente teniendo en cuenta que también todos soñamos y sólo un pequeño porcentaje recuerdan sus sueños al despertarse.

Hemos ido reuniendo tales experiencias en varios países además de las recogidas en Estados Unidos, Canadá y Australia. La persona más joven tenía dos años y la mayor noventa y siete. Disponemos así de experiencias del umbral de la muerte de hombres de orígenes culturales diferentes como por ejemplo, esquimales, aborígenes de Australia, hindúes, o pertenecientes a distintas religiones como los budistas, protestantes, católicos, judíos y los que no pertenecen a ninguna religión, comprendidos los que se consideran agnósticos o ateos. Era importante poder hacer el recuento de los casos en ámbitos religiosos y culturales tan diferentes como fuese posible, con el fin de estar bien seguros de que los resultados de nuestras investigaciones no fuesen rechazadas por falta de argumentos. A lo largo de las mismas hemos podido probar que esta experiencia del umbral de la muerte no está limitada a un cierto medio social y que no tiene nada que ver con una u otra religión. Tampoco tiene ninguna importancia que esté precedida por un asesinato o un accidente, por un suicidio o por una muerte lenta. Más de la mitad de los casos de que disponemos relatan las experiencias después de una muerte aparente brutal, de manera que las personas no han tenido tiempo de prepararse o de esperar ningún acontecimiento.

Después de haber reunido muchos casos durante muchos años, podemos decir que en todas estas experiencias hay ciertos hechos que se pueden retener como denominador común.

En el momento de la muerte vivimos la total separación de nuestro verdadero yo inmortal de su casa temporal, es decir, del cuerpo físico. Este yo inmortal es llamado también alma o entidad. Si nos expresamos simbólicamente, como lo hacemos con los niños, podríamos comparar este yo, liberado del cuerpo terrestre, con la mariposa que ha abandona el capullo de seda. Desde el momento en que dejamos nuestro cuerpo físico nos damos cuenta de que no sentimos ya ni pánico ni miedo ni ansiedad. Nos percibimos a nosotros mismos como una entidad física integral. Siempre tenemos conciencia del lugar de la muerte, ya se trate de la habitación donde transcurrió la enfermedad, de nuestro propio dormitorio en el que tuvimos el infarto o del lugar del accidente de automóvil o avión. Reconocemos muy claramente a las personas que forman parte de un equipo de reanimación o de un grupo que intenta sacar los restos de un cuerpo del coche accidentado. Estamos capacitados para mirar todo esto a una distancia de metros sin que nuestro estado mental esté verdaderamente implicado. Permitidme que hable de estado mental, aunque en la mayoría de los casos ya no estamos unidos a nuestro aparato de reflexión física o cerebro en funcionamiento.

Estas experiencias tienen lugar, a menudo, en el momento mismo en que las ondas cerebrales no pueden ser medidas para poder probar el funcionamiento del cerebro, o cuando los médicos no pueden ya comprobar el menor signo de vida.

En el momento en que asistimos a nuestra propia muerte, oímos las discusiones de las personas presentes, notamos sus particularidades, vemos sus ropas y conocemos sus pensamientos, sin que por ello sintamos una impresión negativa.

El cuerpo que ocupamos pasajeramente en ese momento, y que percibimos como tal, no es el cuerpo físico sino el cuerpo etérico. Más tarde hablaré de las diferencias entre las energías física, psíquica y espiritual que forman este cuerpo.

En este segundo cuerpo temporal y etérico nos percibimos como una entidad integral, como ya he mencionado. Si nos hubiese sido amputada una pierna, dispondremos de nuevo de nuestras dos piernas. Si fuimos sordomudos, podremos de nuevo oír, hablar y cantar. Si una esclerosis en placas nos clavaba en la silla de ruedas con trastornos en la vista, con problemas de lenguaje y parálisis en las piernas, podremos cantar y bailar.

Es comprensible que muchos de nuestros enfermos reanimados con éxito no siempre agradezcan que su mariposa haya sido obligada a volver a la crisálida, puesto que con la vuelta a nuestras funciones físicas debemos aceptar de nuevo los dolores y las limitaciones que les son propias, mientras que en nuestro cuerpo etéreo estábamos más allá de todo dolor y limitación.

Muchos de mis colegas piensan que este estado se explica por una proyección de deseos, lo que parece lógico. Si alguien está paralítico, sordo, ciego o minusválido desde hace años, espera sin duda el tiempo en que el sufrimiento termine, pero en los casos de que disponemos no se trata de proyecciones de deseo y esto se deduce de los hechos que relataremos seguidamente.

En primer lugar, la mitad de los casos de experiencias en el umbral de la muerte que hemos recogido son el resultado de accidentes brutales, e inesperados, en los que las personas no podían prever lo que les iba a suceder. Por no hablar más que de un caso, citaré el de uno de nuestros enfermos que perdió sus dos piernas a consecuencia de un accidente en el que fue atropellado y el conductor se dio a la fuga. Mientras se encontraba fuera de su cuerpo físico incluso vio una de sus piernas en el suelo, y fue perfectamente consciente de encontrarse en un cuerpo etéreo absolutamente perfecto y tener sus dos piernas. No podemos suponer que este hombre sabía de antemano que perdería las dos piernas y que su visión era sólo la proyección del deseo de andar de nuevo.

También hay una segunda prueba para eliminar la tesis de una proyección del deseo y nos llega por parte de los ciegos que a lo largo de este estado de muerte aparente dejan de serlo. Les pedimos que compartieran con nosotros sus experiencias. Si sólo se hubiera tratado en ellos de una proyección del deseo, no estarían capacitados para precisar el color de un jersey, el dibujo de una corbata o el detalle de los dibujos, colores y cortes de prendas que llevaban los presentes. Interrogamos a una serie de personas con ceguera total y fueron capaces de decirnos no solamente quién entró primero en la habitación para reanimarlo sino describir con precisión el aspecto y la ropa que llevaban los que estaban presentes, y en ningún caso los ciegos disponen de esta capacidad.

Además de la ausencia de dolor y la percepción de integridad corporal, en un cuerpo simulado perfecto que podemos llamar cuerpo etéreo, los hombres toman conciencia de que nadie llega a morir solo. Hay tres razones que lo afirman, y cuando digo «nadie» entiendo igualmente el que muere de sed en el desierto a algunos centenares de kilómetros de la persona más cercana, como el astronauta que atraviesa sin meta el espacio en su cápsula, después de haber fracasado la misión, hasta finalmente llegar a morir.

Cuando preparamos a niños para la muerte —y esto es frecuente con los que tienen cáncer—, nos damos cuenta de que todos tenemos la posibilidad de abandonar nuestro cuerpo físico y llegar a lo que llamamos una experiencia extracorporal.

Todos tenemos estas experiencias a lo largo de ciertas fases del sueño, pero son pocos los que se dan cuenta de ello. Los niños que mueren, y sobre todo los que están preparados interiormente, tienen una espiritualidad mayor que los niños sanos de su misma edad, y toman mejor conciencia de sus breves experiencias extracorporales. Esto los ayuda en el momento de su tránsito porque se familiarizarán más pronto con su nuevo entorno.

Los niños y adultos nos hablan de la presencia de seres que les rodean, les guían y les ayudan en el momento de su salida del cuerpo. Los niños pequeños les llaman con frecuencia «compañeros de viaje». Las iglesias les han llamado «ángeles de la guarda», mientras que la mayoría de los investigadores les llaman «guías espirituales». No tiene ninguna importancia la designación que les demos, pero es importante saber que cada ser humano, desde el primer soplo hasta la transición que pone fin a su existencia terrestre, está rodeado de guías espirituales y de ángeles de la guarda que le esperan y le ayudan en el momento del paso al más-allá. Somos siempre recibidos por aquellos que nos precedieron en la muerte y que en otro tiempo amamos.

Entre aquéllos que nos acogen pueden encontrarse, por ejemplo, los hijos que perdimos precozmente, o los abuelos, o el padre o la madre u otras personas muy cercanas a nosotros en la tierra.

La tercera razón por la que no estamos solos en el momento de nuestra transición es porque después de abandonar nuestro cuerpo físico (lo que puede ocurrir antes de la muerte verdadera) nos encontramos en una existencia en la que no hay ni tiempo ni espacio y podemos desplazarnos instantáneamente donde queramos.

La pequeña Susy, que muere de leucemia en un hospital, está acompañada permanentemente por su madre. La pequeña se da cuenta de que cada vez le será más difícil dejarla, pues ella se inclina a veces sobre su cama y murmura: «No te mueras, querida, no me puedes hacer esto. No podré vivir sin ti.» Esta madre —y se parece a muchos de nosotros— culpabiliza al moribundo. Susy, que ha abandonado su cuerpo durante el sueño y también en estado de vigilia para ir allá donde tenía ganas, tiene la certeza de una existencia después de la muerte y pide sencillamente a su madre que se vaya del hospital. En estas situaciones los niños suelen decir: «Mamá, tienes aire de cansada. ¿Por qué no te vas a casa para ducharte y descansar? De verdad, yo estoy muy bien.» Quizá media hora después suena el teléfono de casa y alguien del hospital dice: «Señora Schmidt, estamos desolados al tener que informarle que su hija acaba de morir.» Desgraciadamente, estos padres se culpabilizan después. Se avergüenzan y se reprochan por no haberse quedado una hora más y haber podido estar presentes en el momento de la muerte de su hijo. Estos padres no saben generalmente que nadie muere solo. Nuestra pequeña Susy había deshecho ya sus contactos terrestres, había adquirido la capacidad de abandonar su envoltura y liberarse de ella rápidamente para volver con la velocidad del pensamiento cerca de su mamá o su papá o hacia cualquier persona que la atrajese. Como ya lo dije anteriormente, todos llevamos el sello divino. Recibimos ese don hace siete millones de años y, además del libre albedrío, también recibimos la capacidad de abandonar el cuerpo y no sólo en el momento de la muerte, sino también en momentos de crisis durante un agotamiento, en circunstancias extraordinarias, así como en diferentes fases del sueño.

Viktor Frankl ha escrito un maravilloso libro: *The search for meaning*,* en el que describe sus vi-

* *El hombre en busca de sentido*, Editorial Herder, S.A., Barcelona.

vencias en un campo de concentración. Probablemente es el científico más conocido y el que mejor ha estudiado las experiencias extracorporales.

Hace unos quince años, cuando el interés por estos temas era todavía mínimo, ya consignaba los relatos de gente que había tenido caídas en la montaña y veían cómo se desarrollaba su propia vida como una película. Estudió las experiencias visualizadas durante los pocos segundos de la caída, para llegar a la conclusión de que en éstas no interviene el factor tiempo. Muchas personas han tenido una experiencia semejante al ahogarse o en otras situaciones de gran peligro.

Nuestras investigaciones en este campo han sido confirmadas por experiencias científicas realizadas en colaboración con Robert Monroe, el autor del libro *Journeys out of the body.** Yo misma, no sólo he vivido una experiencia extracorpórea espontánea, sino también otras que fueron inducidas en laboratorio bajo la vigilancia de Monroe, observadas y corroboradas por varios sabios de la Fundación Menninger, en Topeka. Actualmente muchos sabios e investigadores vuelven a tener en cuenta sus métodos y los encuentran realizables y opinan favorablemente. Estas investigaciones los llevan

* *Viaje fuera del cuerpo.*

obligatoriamente a reflexiones más profundas concernientes a otra dimensión que se concilia difícilmente con nuestro pensamiento científico tridimensional.

De la misma manera se nos han reclamado pruebas concluyentes por afirmar la existencia de guías espirituales, de ángeles de la guarda y de parientes que precedieron al muerto, presentes en el momento del pasaje para recogerles. Pero, sin embargo, ¿cómo probar científicamente una afirmación repetida tan a menudo?

Como psiquiatra, para mí era interesante imaginar que miles de hombres sobre la tierra tenían la misma alucinación en el momento de su muerte, es decir, la percepción de la presencia de parientes o amigos muertos antes que ellos. Después de todo, había que intentar saber si detrás de esta afirmación de los moribundos no había una verdad. Hemos intentado pues encontrar los medios para verificar estas afirmaciones, y poder probarlas seguidamente como exactas o desenmascararlas sencillamente como proyecciones del deseo.

Para ello pensamos que la mejor manera de estudiar este problema era sentarnos a la cabecera de la cama de los niños moribundos después de accidentes familiares. Centramos estas investigaciones en los días de fiesta, como el Cuatro de julio, el

Memorial Day, el Labor Day, los fines de semana, etc., ya que familias enteras tenían la costumbre de desplazarse en sus grandes automóviles. En estas colisiones frontales muchos miembros de la familia morían en el acto y otros eran llevados a diferentes hospitales. Puesto que me ocupo particularmente de los niños, me propuse como tarea el sentarme a la cabecera de los que estaban en estado crítico. Yo sabía con certeza que estos moribundos no conocían ni cuántos ni quiénes de la familia ya habían muerto a consecuencia del accidente. Para mí era fascinante, por ello, comprobar que conocían siempre muy exactamente si alguien había muerto y quién era.

Yo me siento a su lado, los observo tranquilamente, algunas veces les tomo la mano. De esta manera percibo inmediatamente cualquier agitación que tengan. Poco antes de la muerte se manifiesta a menudo una apacible solemnidad, lo que representa siempre un signo importante. En ese momento yo les pregunto si están dispuestos y si son capaces de compartir conmigo sus actuales experiencias y me responden a menudo en los mismos términos de aquel niño que decía: «Todo va bien. Mi madre y Pedro me están esperando ya.» Yo ya sabía que su madre había muerto en el lugar del accidente, pero ignoraba que Pedro, su hermano, hubiera muerto también. Poco tiempo después supe que su hermano Pedro había fallecido diez minutos antes.

Durante todos estos años en los que hemos reunido tales casos no hemos oído nunca a un niño mencionar en esas circunstancias el nombre de alguien que no hubiera fallecido ya, aunque sólo fuera unos minutos antes. Para mí eso se explica solamente porque esos moribundos han percibido ya a sus familiares. Éstos los esperan para reunirse de nuevo con ellos en una forma de existencia diferente, que muchos todavía no pueden comprender.

Otra experiencia me emocionó más aún que las de los niños. Se trata del caso de una india americana. En nuestros documentos tenemos pocos elementos referentes a los indios, puesto que ellos hablan muy poco del morir y de la muerte. Esta joven india fue atropellada en una autopista por un conductor desaprensivo que se dio a la fuga después. Un extranjero se detuvo para ayudarla y ella le dijo calmadamente que ya no había nada que hacer, salvo prestarle el siguiente favor: si un día, por casualidad, se encontraba cerca de la reserva india donde vivía, que fuera a visitar a su madre y le transmitiera el siguiente mensaje: «Que estaba bien y muy contenta porque ya estaba con su padre.» Después murió en los brazos del extranjero, que quedó tan impresionado por lo sucedido que se puso inmediatamente en camino para recorrer una gran distancia que nada tenía que ver con su itinerario. Al llegar a la reserva india supo por la madre que su marido, el padre de la joven, había muerto de un fallo cardíaco sólo una hora antes del accidente que había tenido lugar a más de mil kilómetros de allí.

Disponemos de numerosos casos como éste en que los moribundos, ignorantes del fallecimiento de uno de los suyos, dicen, sin embargo, cómo fueron recibidos por él. También sabíamos que estos enfermos no tenían ninguna intención de convencernos de la no existencia de la muerte, sino que únicamente querían compartir con nosotros una experiencia que consideraban como un hecho. Si vosotros mismos estáis dispuestos a abriros a estas cosas sin prejuicios, podréis tener vuestras propias experiencias en este terreno. Si se suscitan, se obtienen fácilmente.

En cada auditorio de ochocientas personas, al menos hay doce individuos que han tenido una experiencia semejante del umbral de la muerte y estarían dispuestos a compartirla con vosotros si no os cerraseis a tal información por la crítica, la negatividad, el juicio y la idea fija de ponerle inmediatamente a ese informe la etiqueta de psiquiátrico. La única razón que impide a estas personas hablar de su experiencia es la increíble actitud de nuestra sociedad, que se obstina en ridiculizar o en negar estas cosas, pues nos molestan y no cuadran con nuestros preceptos ni con nuestras ideas científicas o religiosas. Todos estos hechos que yo os he relatado os llegarán en una situación crítica o un poco antes de vuestra muerte.

No olvidaré nunca mi caso más dramático, en el «pedid y se os dará» con relación a una experiencia del umbral de la muerte. Se trataba de un hombre al que toda su familia iría a buscarlo a su lugar de trabajo el día de Memorial Day para visitar a unos parientes en el campo. Cuando la furgoneta en la que viajaban sus suegros, su mujer y sus ocho hijos estaba en camino, chocó con un camión de carburante. Habiéndose inflamado la gasolina, ésta se esparció sobre la furgoneta y abrasó a todos los ocupantes. Cuando el hombre tuvo conocimiento del accidente permaneció algunas semanas en estado de *shock* y de embotamiento total. No se volvió a presentar al trabajo pues no era capaz de dirigir la palabra a nadie y finalmente, y para resumir la historia, se convirtió en una persona viciosa que bebía medio litro de whisky al día y se drogaba con cualquier clase de producto, incluso la heroína, para calmar su dolor. No fue capaz de volver a trabajar de forma regular y terminó en la cuneta, en el sentido literal de la palabra.

En el curso de mis agotadoras giras yo había dado ya dos conferencias en Santa Bárbara sobre el tema de la vida después de la muerte cuando un grupo del personal sanitario me pidió una conferencia más. Al aceptar esta tercera conferencia me di cuenta de que estaba cansada de contar las mismas historias y me dije a mí misma: «Dios mío, ¿por qué no me envías a algún oyente que haya tenido una experiencia en el umbral de la muerte y que esté dispuesto a compartirla con los demás? Así yo podré descansar y los oyentes tendrán un testimonio de primera mano sin tener que escuchar únicamente mis historias de siempre.» En ese momento el organizador del grupo me pasó unas líneas escritas que contenían un mensaje de carácter urgente enviado por un hombre que vivía en un asilo destinado a los vagabundos. Solicitaba poder contar su experiencia personal del umbral de la muerte. Interrumpí la conferencia y le envié la respuesta aceptando su intervención. Algunos minutos después, tras un veloz recorrido en taxi, el hombre hizo su aparición. En lugar del negligente vagabundo que yo esperaba, teniendo en cuenta el tipo de asilo en que vivía, subió al estrado, frente al público, un hombre correctamente vestido, de porte sofisticado, que deseaba compartir con nosotros la experiencia que había vivido.

Contó cuánto se había alegrado con la expectativa del encuentro familiar aquel fin de semana, y cómo sobrevino el trágico accidente en el cual todos sus familiares perecieron quemados. Habló de su tremenda impresión inicial, que lo paralizó. No podía creer al principio que fuese verdad que de golpe se convirtiese en un hombre solo, él, que había tenido hijos, ya no los tendría más, habiendo perdido a toda su familia en ese único accidente. Describió luego su actitud al no poder superar semejante prueba, convirtiéndose de miembro de una familia burguesa, esposo y padre, en un vicioso vagabundo, alcoholizado permanentemente, consumiendo cualquier tipo de drogas, y, en una palabra, tratando vanamente de suicidarse. Nos explicó también el último recuerdo que tenía de esa vida que llevó durante dos años: él estaba acostado, borracho y drogado, sobre un camino bastante sucio que bordeaba un bosque. Sólo tenía un pensamiento: no vivir más y reunirse de nuevo con su familia. Entonces vio aproximarse un camión, y al no tener la fuerza suficiente como para alejarse fue literalmente aplastado por él.

Nos contó cómo en ese preciso momento se encontró él mismo a algunos metros por encima del lugar del accidente, mirando su cuerpo gravemente mutilado que yacía en la carretera. Entonces apareció su familia ante él, radiante de luminosidad y de amor. Una feliz sonrisa sobre cada rostro. Se comunicaron con él sin hablar, sólo por transmisión del pensamiento, y le hicieron saber la alegría y la felicidad que el reencuentro les proporcionaba. El hombre no fue capaz de darnos a conocer el tiempo que duró esa comunicación y encuentro con los miembros de su familia. Pero nos dijo que quedó tan violentamente turbado frente a la salud, la belleza, el resplandor que ofrecían, lo mismo que la aceptación de su actual vida y su amor incondicional, que juró no tocarlos ni seguirlos, sino volver a su cuerpo terrestre para comunicar al mundo lo que acababa de vivir, y de ese modo reparar sus vanas tentativas de suicidio.

Enseguida se volvió a encontrar en el lugar del accidente y observó a distancia cómo el chófer estiraba su cuerpo en el interior del camión. Llegó la ambulancia y vio cómo lo transportaban a urgencias de un hospital, donde lo ataron a una cama. Fue en ese momento cuando volvió a su cuerpo y se despertó, arrancando las correas con las que lo habían atado. Se levantó y abandonó el hospital sin mostrar el menor síntoma de *deli-*

rium tremens o de intoxicación por los abusos de drogas y alcohol.

De repente se sintió curado y restablecido, y se juró a sí mismo no morirse mientras no hubiese tenido ocasión de compartir la experiencia de una vida después de la muerte con la mayor cantidad de gente posible. Al leer en un periódico local el artículo sobre mi presencia en Santa Bárbara, se decidió a mandarme el mensaje a la sala de conferencias. Al comunicar su experiencia al auditorio, pudo cumplir la promesa que se hizo después de tener su breve y feliz encuentro con su familia.

No sabemos lo que fue de ese hombre, pero no olvidaré nunca el fulgor de sus ojos, su alegría y su gratitud por haber sido guiado a un lugar en el que se le permitió hablar en una tribuna sin que nadie pusiera en duda sus palabras ni se burlara de él, y así poder participar a cientos de «trabajadores de la salud» su profunda convicción de que nuestro cuerpo físico es *sólo una envoltura pasajera que rodea un yo inmortal*.

En la actualidad la cuestión se plantea con toda naturalidad: ¿qué pasa después de la muerte?

Hemos estudiado el comportamiento de los niños de corta edad que no han leído ni el libro de Moody, *La vida después de la vida*, ni el material literario sobre el tema que haya podido salir en los diarios, y que tampoco conocen testimonios como los de este hombre del que nos hemos ocupado y que acabamos de relatar. Incluso un niño de dos años nos ha permitido participar de su experiencia, de lo que él había considerado ya como la muerte. En todas las experiencias ha quedado de manifiesto que personas que profesan diferentes religiones ven apariciones distintas según su religión. Quizá nuestro mejor ejemplo es el de este niño de dos años. Como resultado de un medicamento que le inyectó un médico, tuvo una reacción alérgica de tal violencia que el médico llegó a declarar que estaba muerto. Avisaron al padre, y mientras el médico y la madre lo esperaban, ésta abrazaba a su hijo, gimiendo, llorando y sufriendo atrozmente. Después de un tiempo, largo como una eternidad, el niño con palabras que podían haber sido las de un hombre viejo, dijo: «Mamá, yo estaba muerto. Estaba con Jesús y María. Y María me dijo repetidas veces que mi tiempo aún no había llegado y que yo debía volver a la tierra. Pero yo no quería creerle. Y como ella veía que yo no quería escucharla, me tomó suavemente de la mano y me alejó de Jesús diciendo: 'Pedro, debes volver. Debes salvar a tu madre del fuego.'» En ese momento volvió a abrir los ojos y añadió con sus propias palabras: «¿Sabes, mamá? Cuando me dijo eso volví corriendo hacia ti.»

Durante trece años esta madre fue incapaz de hablar de este episodio con nadie. Estaba muy deprimida y hacía una interpretación errada de las palabras dirigidas por María a su hijo. Había entendido que su hijo un día la salvaría del fuego, es decir del infierno, pero lo que no entendía era por qué le esperaba el infierno precisamente a ella, que era una buena cristiana, creyente y que trabajaba duramente. Intenté explicarle que había interpretado mal el lenguaje simbólico y que ese mensaje era un regalo único y maravilloso de María que, como todos los seres del plano espiritual, era un ser de amor total e incondicional. Ella no podía criticar ni juzgar a nadie, contrariamente a los seres humanos, en quienes tales cualidades de sensibilidad faltan todavía. Le solicité que durante un momento hiciera abstracción de sus pensamientos para permitir que su cuadrante espiritual e intuitivo le respondiera. Y luego le dije: «¿Qué habría sentido usted si María no le hubiera devuelto a su Pedro, hace trece años?» Ella tomó su cabeza con las dos manos y exclamó: «Dios mío, eso habría sido el infierno.» Por supuesto que no tuve necesidad de plantearle la cuestión: «¿Comprende usted ahora por qué María la ha preservado del fuego?»

Las Sagradas Escrituras abundan en ejemplos de lenguaje simbólico y si la gente escuchara más a menudo su cuadrante espiritual, en lugar de envenenar los mensajes de esa maravillosa fuente de comunicación con su propia negatividad, sus miedos, sus sentimientos de culpabilidad, sus ganas de castigarse a sí mismos y a los demás, también comenzarían a comprender el maravilloso lenguaje simbólico de los moribundos cuando éstos intentan confiarnos sus preocupaciones, sus conocimientos y sus percepciones.

Comprobamos también que personas que pertenecen a distintas religiones ven apariciones diferentes y seguramente no necesito precisar que un niño judío no se encontrará nunca con Jesús y que un niño protestante no verá nunca a María. Esto no quiere decir que estos seres no se ocupen de los niños que pertenecen a otras religiones, sino sencillamente que cada persona obtiene lo que más necesita. Los seres que nos encontramos en la vida después de la muerte son aquéllos a los que más quisimos y que murieron antes que nosotros.

Después de haber sido acogidos por nuestros padres y amigos en el más-allá, por nuestros guías espirituales y ángeles de la guarda, pasamos por una transición simbólica que a menudo se describe como un túnel. Algunas veces se vive como un río, otras como un pórtico, siempre según los valores simbólicos respectivos. Mi propia experiencia fue en una cima de montaña con flores silvestres, por la sencilla razón de que mi representación del cielo se refiere a las montañas y a las flores silvestres que fueron la alegría y felicidad de mi juventud en Suiza. El concepto de cielo depende, pues, de factores culturales.

Después de haber pasado por una transición visual muy bella, digamos una especie de túnel, nos acercamos a una fuente luminosa que muchos de nuestros enfermos han descrito y que a mí me fue dado a conocer. Pude vivir la experiencia más maravillosa e inolvidable, lo que se llama la conciencia cósmica. En presencia de esta luz, que la mayoría de los iniciados de nuestra cultura occidental llaman Cristo, Dios, Amor o simplemente Luz, estamos envueltos en un amor total e incondicional de comprensión y de compasión.

Esta luz tiene su origen en la fuente de la energía espiritual pura y no tiene nada que ver con la energía física o psíquica. La energía espiritual no puede ser usada ni manipulada por el hombre. Existe en una esfera en la que la negatividad es imposible. Esto quiere decir también que en presencia de esta luz no podemos tener sentimientos negativos, por mala que haya podido ser nuestra vida, y sean cuales fueren nuestros sentimientos de culpabilidad. En esta luz que muchos llaman Cristo o Dios es también imposible ser condenado puesto que Él es amor absoluto e incondicional. En esta luz nos damos cuenta de lo que pudimos ser y de la vida que hubiéramos podido llevar. En presencia de esta luz, rodeados de compasión, de amor y de comprensión, debemos revisar toda nuestra vida para evaluarla. Ya no estamos unidos a la inteligencia física que ha limitado nuestro cuerpo terrestre; por lo tanto, ya no estamos atados a un espíritu o cerebro físico que nos limita, y poseemos el saber y la comprensión absoluta. Es ahora cuando debemos revisar y evaluar cada pensamiento, cada palabra y cada acto de nuestra existencia y cuando comprendemos sus efectos sobre nuestro prójimo. En presencia de la energía espiritual, no necesitamos una forma física. Nos separamos del cuerpo etéreo y volvemos a tomar la forma que teníamos antes de nacer sobre la tierra, entre nuestras vidas, y la que tendremos en la eternidad, cuando nos unamos a la Fuente, es decir a Dios, después de haber cumplido nuestro destino.

Importa mucho comprender que desde el principio de nuestra existencia hasta nuestro retorno a Dios conservamos siempre nuestra propia identidad y nuestra estructura de energía y que entre los millares de seres de todo el universo no hay dos estructuras de energía iguales; por lo tanto, no existen dos hombres que sean idénticos ni siquiera si se considera el caso de los gemelos homocigotos. Si alguien dudara de la grandeza de nuestro Creador, no tiene más que reflexionar en el genio que hace falta ser para crear millones de estructuras energéticas sin una sola repetición. Así recibe cada hombre el don de su singularidad. Podría compararse esto a los infinitos copos de nieve que caen sobre la tierra, todos diferentes entre sí. Me fue concedida la gracia de ver con mis propios ojos físicos, en pleno día, centenares de estas estructuras energéticas en movimiento. Parecían copos con pulsaciones, colores y formas diferentes. Así seremos después de la muerte y así hemos existido antes de nuestro nacimiento.

No se necesita espacio ni tiempo para trasladarse de una estrella a otra, ni del planeta Tierra a otra galaxia. Las estructuras energéticas de estas mismas entidades pueden encontrarse entre nosotros. Si tan sólo tuviéramos ojos para ver nos daríamos cuenta de que no estamos nunca solos, sino rodeados de seres que nos guían, que nos aman y nos protegen. Intentan guiarnos y ayudarnos para que permanezcamos en el buen camino con el fin de cumplir nuestro destino.

Hay veces, en momentos de gran dolor, de gran sufrimiento o de gran soledad, en que nuestra percepción aumenta hasta el punto de poder reconocer su presencia. También, podríamos hablarles por la noche antes de dormirnos y pedirles que se muestren a nosotros, y hacerles preguntas conminándoles a darnos las respuestas en los sueños. Los que recuerdan los sueños saben que muchas de nuestras preguntas encuentran allí una respuesta. En la medida en que nos acercamos a nuestra entidad interior, a nuestro yo espiritual, nos damos cuenta de cómo somos guiados por esta entidad interior que es la nuestra y que representa nuestro yo omnisciente, esta parte inmortal que llamamos «*mariposa*».

Quisiera ahora compartir con vosotros algunos aspectos de mis propias experiencias místicas que me han ayudado a saber, más que a creer, que todo lo que está más allá de nuestra comprensión científica son verdades y realidades abiertas a cada uno de nosotros.

Deseo destacar en forma especial que anteriormente yo no tenía ninguna idea de una conciencia superior. No tuve nunca gurú, y no he sabido ni tan siquiera meditar. La meditación es fuente de paz y comprensión para muchas personas no solamente en Oriente, sino cada vez más en nuestra parte del mundo. Es cierto que yo entro en mí misma cada vez que hablo con los enfermos moribundos, y son quizá miles las horas que he pasado junto a ellos, sin que nada ni nadie pudiera molestarnos: éstas sí que constituían una meditación. Visto desde este ángulo, efectivamente medité muchas horas.

Estoy convencida de que para tener experiencias místicas no es necesario vivir como un eremita en la montaña ni estar sentado a los pies de un gurú en la India. Cada ser tiene un cuadrante físico, emocional, intelectual y espiritual. Pienso también que si pudiéramos aprender a liberarnos de los sentimientos desnaturalizados, de nuestra ira, de nuestros miedos o de nuestras lágrimas no vertidas, podríamos encontrar de nuevo la armonía con nuestro yo verdadero y ser tal como debiéramos ser. Este yo verdadero está compuesto de estos cuatro cuadrantes, que deberían equilibrarse y dar un *todo armonioso*. No podemos alcanzar ese estado anterior más que con una condición: la de haber aprendido a aceptar nuestro propio cuerpo-físico. Debemos llegar a expresar nuestros sentimientos libremente sin tener miedo de que se rían de nosotros cuando lloramos, cuando estamos enfadados o celosos, o nos esforzamos en parecernos a alguien por sus talentos, dones o comportamientos. Debemos comprender que sólo existen dos miedos: el miedo a caerse y el miedo al ruido. Todos los otros miedos han sido impuestos poco a poco en nuestra infancia por los adultos, pues proyectaban sobre nosotros sus propios miedos y los transmitían así de generación en generación.

Sin embargo, lo más importante de todo es aprender a amar incondicionalmente. La mayoría de nosotros hemos sido educados como prostitutas. Siempre se repetía lo mismo: «Te quiero si...» y esta palabra «si...» ha destruido más vidas que cualquier otra cosa sobre el planeta Tierra. Esta palabra nos prostituye realmente, pues nos hace creer que con una buena conducta o con unas buenas notas en la escuela, podemos comprar amor. De esa manera, nunca podremos desarrollar nuestro sentido del amor o nuestro sentido de la autoestima.

Cuando éramos niños, si no cumplíamos la voluntad de los adultos, éramos castigados, y sin embargo, una educación afectuosa habría podido hacernos entrar en razón. Nuestros maestros espirituales nos han dicho que si hubiéramos crecido en el amor incondicional y en la disciplina no tendríamos nunca miedo a las tempestades de la vida. No tendríamos más miedo, ni sentimientos de culpabilidad, ni angustias, pues éstos son los únicos enemigos del hombre. «Si cubrís el Gran Cañón del Colorado para protegerlo de las tempestades, no veréis nunca la bella forma de sus rocas.»

Como ya he dicho, yo no buscaba un gurú y no intentaba meditar ni llegar a un nivel de conciencia superior, pero cada vez que, a través de un enfermo o de una situación de la vida, tomaba conciencia de algo negativo en mí, buscaba la manera de afrontarlo con el fin de alcanzar un día esa armonía entre mis cuadrantes físico, emocional, intelectual y espiritual. Y cuando hacía «mis deberes» y me intentaba aplicar a mí misma lo que enseñaba a otros, me encontraba cada vez más colmada de experiencias místicas. Éstas eran el resultado tanto de un intercambio de pensamientos con mi yo espiritual, intuitivo, omnisciente, que comprende todo, como de la toma de contacto con fuerzas conductoras que vienen de un mundo intacto. Permanentemente nos rodean y esperan la ocasión para transmitirnos no sólo el conocimiento o algunas indicaciones, sino también para ayudarnos en nuestra comprensión de nuestra razón de ser y más particularmente sobre el significado de nuestra tarea aquí en la Tierra, permitiéndonos cumplir nuestros destinos.

Viví una de mis primeras experiencias en el curso de una investigación científica en la que me fue permitido abandonar mi cuerpo. Esta experiencia fue inducida por el doctor Monroe por medios iatrógenos en un laboratorio de Virginia y vigilada por algunos sabios escépticos. En el transcurso de una de ellas fui devuelta a mi cuerpo físico por el jefe del laboratorio, que estimó que había partido demasiado pronto y demasiado deprisa. Ante mi gran consternación, él interfirió así en mis propias necesidades y en mi propia personalidad. En el siguiente intento decidí soslayar el problema de una intervención ajena, programando yo misma mi salida para ir más rápido que la velocidad de la luz y más lejos, donde ningún ser humano hubiera estado durante una experiencia extracorporal. En el mismo momento en que ésta fue inducida, abandoné mi cuerpo a una velocidad increíble.

Lo único que recuerdo de la vuelta a mi cuerpo físico fueron las palabras SHANTI NILAYA. No tenía ni idea del significado o de la interpretación de esa palabra. Tampoco tenía noción de dónde había estado. Lo único que sabía antes de volver es que estaba curada de un estreñimiento casi total, así como de un pinzamiento dorsal muy doloroso que me había impedido incluso recoger un libro. Ahora bien, después de esta experiencia extracorporal pude comprobar que mi intestino funcionaba de nuevo y que podía levantar un saco de cincuenta kilos sin cansancio ni dolor. Las personas que estaban presentes me decían que había rejuvenecido veinte años. Cada uno de ellos intentaba obtener otras informaciones sobre mis experiencias. Yo no supe dónde había estado, hasta que aprendí algo más la noche siguiente.

Esa noche la pasé sola, en una pensión aislada en medio del bosque de Blue Ridge Mountains. Poco a poco, y no sin miedo, me di cuenta de que había ido demasiado lejos en mi experiencia extracorporal y que ahora debía sufrir las consecuencias de mi propia decisión. Intenté luchar contra mi cansancio, presintiendo que «aquello» llegaría, y sin saber qué podía ser «aquello». En el momento en que me abandoné tuve probablemente la experiencia más dolorosa y solitaria que un ser humano pueda vivir. En el propio sentido del término, viví en mí misma las miles de muertes por las que habían pasado mis enfermos. Agonizaba en el sentido físico, emocional, intelectual y espiritual. Fui incapaz de respirar, invadida por el dolor. En medio de esos sufrimientos físicos era perfectamente consciente de que no tenía a nadie cerca para ayudarme; debía superar esa noche completamente sola.

En esas horas atroces no tuve más que tres descansos muy breves. Estos dolores se podrían comparar con las contracciones de un parto, salvo en que aquí se sucedían sin interrupción. En los momentos de descanso en los que conseguí recuperar el aliento, ocurrieron algunos acontecimientos significativos y simbólicos que sólo entendí mucho más tarde. En el momento del primer descanso yo pedía un hombro en el que apoyarme y literalmente esperaba que aparecería el hombro izquierdo de un hombre en el que podría apoyar mi cabeza para poder soportar mejor mi agonía. Apenas hube formulado esta demanda, una voz bondadosa, compasiva, pero severa y profunda, me dijo sencillamente: «No te será concedido.»

Después de un tiempo infinitamente largo me fue acordado otro respiro. Esta vez yo pedía una mano a la que cogerme. Y de nuevo esperaba que una mano surgiría por el lado derecho de mi cama y que yo podría cogerla para soportar mejor mis dolores. Se dejó oír la misma voz: «No te será concedida.»

En el tercero y último descanso decidí no pedir

más que la punta de un dedo. Pero enseguida añadí, dado mi carácter: «No, si no puedo tener una mano, tampoco quiero la punta de un dedo.» Claro que lo que quería era la presencia de un ser humano. Sabiendo que no podría engancharme a la punta de su dedo.

Y por primera vez en mi vida, la salida fue la de la fe. Esta fe llegaba del saber profundo de que yo disponía de la suficiente fuerza y del coraje como para poder sufrir sola esta agonía y la certeza de que nunca se nos da más de lo que podemos aguantar. De pronto comprendí que sólo tenía que cesar en mi lucha, transformar mi resistencia en sumisión y decir sencillamente «sí».

En el mismo momento en que lo hice, cesaron los sufrimientos. Se calmó mi respiración y desapareció el dolor físico. En lugar de esos miles de muertes, fui gratificada con una experiencia de renacimiento que no podría ser descrita con nuestro lenguaje.

Al principio hubo una oscilación o pulsación muy rápida a nivel del vientre que se extendió por todo mi cuerpo. Esto no fue todo, porque esta vibración se extendió a todo lo que yo miraba: el techo, la pared, el suelo, los muebles, la cama, la ventana y hasta el cielo que veía a través de ella. Los árboles también fueron alcanzados por esta vibración y finalmente el planeta Tierra. Efectivamente, tenía la impresión de que la tierra entera vibraba en cada molécula. Después vi algo que se parecía al capullo de una flor de loto que se abría delante de mí para convertirse en una flor maravillosa y detrás apareció esa luz esplendorosa de la que hablaban siempre mis enfermos. Cuando me aproximé a la luz a través de la flor de loto abierta y vibrante, fui atraída por ella suavemente pero cada vez con más intensidad. Fui atraída por el amor inimaginable, incondicional, hasta fundirme completamente en él.

En el instante en que me uní a esa fuente de luz cesaron todas las vibraciones. Me invadió una gran calma y caí en un sueño profundo parecido a un trance. Al despertarme sabía que debía ponerme un vestido y unas sandalias para bajar de la montaña y que «esto» ocurriría a la salida del sol.

Cuando me desperté de nuevo, una hora y media más tarde aproximadamente, me puse el vestido y las sandalias y bajé de la colina. En ese momento caí en el éxtasis más extraordinario que un ser humano haya vivido sobre la Tierra. Me encontraba en un estado de amor absoluto y admiraba todo lo que estaba a mi alrededor. Estaba en comunión amorosa, con cada hoja, con cada nube, brizna de hierba y ser viviente. Sentía incluso las pulsaciones de cada piedrecilla del camino y pasaba «por encima» de ellas, en el propio sentido del término, interpelándolas con el pensamiento: «No puedo pisaros, no puedo haceros daño», y cuando llegué abajo de la colina me di cuenta de que ninguno de mis pasos había tocado el suelo, y no dudé de la realidad de esta vivencia. Se trataba sencillamente de una percepción como resultado de la conciencia cósmica. Me fue permitido reconocer la vida en cada cosa de la naturaleza con este amor que soy incapaz de formular.

Me hicieron falta varios días para volver a encontrarme bien en mi existencia física, y dedicarme a las trivialidades de la vida cotidiana como fregar, lavar la ropa o preparar la comida para mi familia, y necesité varios meses para poder hablar de mi experiencia. Pude compartirla con un grupo de gente maravillosa que no juzgaban sino que comprendían y que me habían invitado a Berkeley, en California, con ocasión de un simposio sobre psicología transpersonal. Después de haber participado, este grupo le dio un nombre a mi experiencia: «Conciencia Cósmica.» Según mi costumbre, me dirigí rápidamente a una biblioteca por si encontraba un libro que tratase de este tema, para poder comprender su significado también en el plano intelectual. Gracias a este grupo aprendí que SHANTI NILAYA, que me fue comunicado cuando me fundí en la energía espiritual (fuente de toda luz), significa el puerto de paz final que nos espera. Ese estar en casa al que volveremos un día después de atravesar nuestras angustias, dolores y sufrimientos después de haber aprendido a desembarazarnos de todos los dolores y ser lo que el Creador ha querido que seamos: seres equilibrados entre los cuadrantes físico, emocional, intelectual y espiritual. Seres que han comprendido que el amor verdadero no es posesivo y no ponen condiciones con el «si...».

Si vivimos una vida de amor total, estaremos sanos e intactos y seremos capaces de cumplir en una sola vida las tareas y los fines que nos han sido asignados.

La experiencia que acabo de relataros cambió mi vida de una manera que no os sabría explicar. Creo haber comprendido también en aquella época que si yo difundía mi conocimiento sobre la vida después de la muerte tendría que pasar literalmente por miles de muertes, puesto que la sociedad en la que vivo intentaría aniquilarme, pero la experiencia y el saber, la alegría, el amor y la sensación que siguen a la agonía son recompensas siempre superiores a los sufrimientos.

Índice

Grupo de apoyo Elisabeth Kübler-Ross

Apartado 14327
08080 BARCELONA

ESPAÑA